WILD

Kilian Jornet

La frontiera invisibile

Traduzione di
Tiziana Camerani e Francesco Ferrucci

FABBRI
EDITORI

ISBN 978-88-915-0722-8

Titolo originale dell'opera
LA LÍNIA INVISIBLE

Prima edizione Fabbri Editori: aprile 2014

Impaginazione: Compos 90 srl – Milano

La frontiera invisibile

Ai maestri.
A quelli che non hanno paura
di fallire,
di cercare,
di perdersi,
di sognare,
di lasciare le comodità,
di essere se stessi,
di trovare.
A quelli che non hanno paura
di vivere.

1
Sulle nuvole

Senza ombra non esiste la luce,
e senza luce non esiste l'ombra.
Sylvain Tesson, *Nelle foreste siberiane*

Da bambino pensavo che non potesse succedermi niente; non conoscevo ancora il dolore. E poi, senza rendertene conto, mentre sei lì che giochi (a *un, due, tre, stella*, a scegliere gli studi, a renderti indipendente, ad avere una macchina, una ragazza, a pagare un mutuo, a lavorare, ad avere una moglie, dei figli, a essere responsabile...), un giorno, all'improvviso, senza che tu te ne accorga, ti ritrovi grande. Ti alzi, vai a lavarti il viso, ti guardi allo specchio e davanti a te c'è un adulto.

Forse è per la paura che, se non riesco a tornare, la neve faccia sparire le mie tracce che ho sentito il bisogno di scrivere i miei pensieri.

O forse, non fidandomi della mia memoria, voglio raccontarti ciò che vedono i miei occhi per non dimenticare i dettagli al mio ritorno. O forse la prospettiva di un mese e mezzo senza elettricità, e quindi senza le distrazioni che mi offrono la tecnologia e i suoi giocattoli, mi ha fatto giungere alla conclusione che scrivere questo quaderno sarà il passatempo più emozionante che potrò trovare.

Il quaderno è un Moleskine largo tredici centimetri e lungo ventuno, con la copertina cartonata e duecentoquaranta pagine di quel giallino quasi impercettibile tipico della carta riciclata. L'ho comprato all'aeroporto di Ginevra. Mentre aspettavo il volo QR 325 per Katmandu, facevo un giro nei negozi della zona transiti e sono entrato in una libreria a dare un'occhiata ai libri e alle riviste. Era l'unico quaderno rosso su uno scaffale di taccuini neri, di vari spessori e grandezze, ma tutti neri. Perché ho scelto quello rosso? Forse per far vedere che, nonostante la mia timidezza, mi piacerebbe essere più estroverso. Forse per la bandiera del Paese in cui entreremo clandestinamente. O forse perché era l'unico rosso e inconsciamente ha ricordato alla mia vena punk uno dei libri che più mi hanno segnato da giovane, *Confessioni di un serial climber*, di Mark Twight: «Se ti guardi in giro e sul tuo cammino vedi gente intorno a te, vuol dire che stai sbagliando qualcosa». Metto il quaderno nella tasca superiore dello zaino insieme a una penna Bic e a un portamine per quando il freddo congelerà l'inchiostro della biro.

È coraggio o vigliaccheria quello che sento? Sono nervoso mentre aspetto di imbarcarmi sull'aereo, di scendere a Katmandu e di partire per le montagne. Ma sono anche impaziente di tornare, di ritrovare ciò che lascerò dietro di me.

È coraggio perché vado ad affrontare montagne sconosciute, abbandonando ciò che conosco a menadito e che faccio alla perfezione? O è vigliaccheria perché sto fuggendo dalle cose che conosco e che stanno assumendo dimensioni che da una parte mi spaventano e dall'altra mi sorprendono, e temo ancor più di perderle al pensiero che, mentre io sono lontano, resteranno ad aspettarmi così come le lascio, al culmine del loro splendore, rimandando dunque il momento in cui cominceranno, seguendo il loro corso naturale, a tramontare?

Mi piacerebbe raccontarti questa storia dall'inizio, ma non saprei da dove cominciare. Credo che, come tutte le storie, la mia non abbia né un principio né una fine: la prendi in un punto qualsiasi, un giorno la incontri e, senza saperlo, quella diventa la tua storia, o magari ci fai un pezzo di strada insieme prima di incrociarne un'altra e andare via con lei. A volte la cerchi, altre volte la inventi, in certi casi la trovi già quasi bell'e finita e, in altri, ci inciampi. Non saprei dirti né come né quando questa storia è diventata la *mia*; se si è trattato solo di fatti venuti uno dietro l'altro nel tempo e nello spazio, come le gocce di pioggia che cadono senza un ordine preciso sul parabrezza della macchina, e che un giorno, a distanza di tempo, potrò collegare, oppure se questa storia è una matassa di filo che ho srotolato e che mi ha portato fino a oggi.

La vita di certe persone è una linea continua, con i suoi alti e bassi, ma continua. La vita di altre persone, invece, è un susseguirsi apparentemente incoerente di fatti, e quella di altre persone ancora è un istante. Questa è, forse, l'anatomia del mio istante.

Sai, mi piacerebbe finire questa storia dicendo «E scomparve, come scompare il sole quando tramonta dietro le montagne in una calda sera d'agosto sui Pirenei», ma non succede mai così, le cose sono sempre più complicate. Comincerò a raccontarti questa storia, la mia storia, dal giorno in cui presi il telefono e composi il numero di Stéphane. Mentre sentivo la musichina d'attesa all'altro capo della linea, ero sempre più nervoso. Riaggancio? Stéphane era, ed è ancora, il mio idolo. Quando cominciai a correre e a sciare in montagna con un numero attaccato a una gamba, lui era Dio. Non era solo il migliore in tutte le competizioni, ma incarnava il carisma, la personalità, la tecnica portata alla perfezione in ogni movimento e la tattica più adatta a ogni gara. Mentre i miei compagni di scuola ricoprivano le cartelline di foto del Che, di Bob Marley, di Springsteen o di qualche giocatore del Barça, sulla mia c'era la foto di Stéphane.

Si era ritirato dall'attività agonistica da diversi anni e adesso ero io a vincere le gare su cui lui aveva impresso la sua firma e forse ora era la mia la foto attaccata sulla cartellina di qualche ragazzo. Lui però continuava a essere Dio. Mentre pensavo se ero stato troppo audace a comporre il numero di telefono di Dio, dall'altro capo del filo sentii: «*Allô?* Ciao! Come va?».

«Bene, bene; la stagione sta finendo, ma c'è ancora un sacco di neve in montagna e riesco ad allenarmi... E a te come vanno le cose?»

«Insomma. L'inverno è stato molto buono, non mi posso lamentare, anche se ho potuto sciare solo nel week-end. In questi mesi ho lavorato un sacco, e quando fai il rappresentante, macini un casino di chilometri in macchina e pochi sugli sci...»

«Ho parlato con Pierre e mi ha detto che anni fa cercavi di convincerlo a fare la traversata del massiccio del Monte Bianco con gli sci... Sei sempre dell'idea?»

E così, con una manciata di frasi, cominciò un'epoca in cui parlavamo attraverso le linee che tracciavamo sulle mappe, attraverso il vento che ci sferzava il viso mentre ci allenavamo per riconoscere qualche tratto del cammino, o attraverso il sudore che ci seccava la pelle mentre facevamo la lunga traversata degli Aravis. Da idolo Stéphane diventò mentore. E attraverso i silenzi – i silenzi delle parole non dette su un crinale roccioso in un giorno di vento, i silenzi degli occhi che guardano una cartina, i silenzi della forte respirazione quando si sale su una cima – diventò un amico.

Idolo, mentore, amico; io e Dio imboccammo di corsa le strade di Les Contamines, all'estremità più occidentale del massiccio del Monte Bianco, con lo zaino e gli sci in spalla, una mezzanotte di inizio giugno, sotto un cielo opaco senza luna, in cui le stelle illuminavano ogni cristallo di ghiaccio dei giganti bianchi che ci aspettavano.

Il progetto consisteva nell'attraversare il massiccio del Monte Bianco per tutta la sua lunghezza, da ovest a est, senza fermarci, passando per la sua cresta e salendo fino alle sue cime principali, equipaggiati solo con i nostri sci leggeri e uno zaino con un paio di barrette energetiche, una piccozza, dei ramponi, un giubbetto e mezzo litro d'acqua.

Andare avanti. La respirazione forte accompagnava il ritmo metronomico dello scricchiolio degli sci che rompevano il sottile strato di neve congelatosi durante la notte, mentre salivamo lungo il ghiacciaio verso i Dômes de Miage e le stelle ci stavano a guardare con la serenità di chi scruta due animali selvatici che tentano di passare più inosservati possibile nelle strade di una grande città in cui le case hanno già tutte le finestre sprangate. Tutt'intorno era buio e solo il bagliore delle stelle che rischiarava il manto di neve ci faceva godere dell'immenso spettacolo di una notte fra quelle cime bianche. Davanti, dietro, a destra e a sinistra, le pareti di neve e ghiaccio ci riempivano gli occhi, e la bellezza della natura addormentata entrava dentro di noi impregnando tutti i sensi. Lo scricchiolio della neve, il profumo dell'aria fresca e pura, gelata; il silenzio, che ci dava la sensazione di accarezzare la pelle vellutata di una dea dormiente.

Il risveglio del giorno, con i verdi e i rossi del cielo dell'aurora, ci sorprese mentre scendevamo la cresta di roccia e neve che porta dai Dômes de Miage al Col de Miage, qualche centinaio di metri più a valle. I nostri corpi si muovevano con scioltezza, cercando e trovando, a volte facilmente e altre con difficoltà, il passaggio più semplice tra i massi nascosti da una spessa coltre di neve. Oltrepassammo il valico e, senza fermarci, cominciammo a risalire i pendii di neve che, inclinandosi sempre più, ci portavano al crinale di roccia che dovevamo scalare per raggiungere la cima della bellissima Aiguille de Bionnassay, quasi mille metri più in alto. La vetta è un crinale affilato come una lama di coltello rivolta verso il cielo, che disegnando curve perfette, a destra e a sinistra, e riapparendo più avanti a destra in un punto determinato a 4.052 metri di altitudine smette di salire, come se si fosse stancata di tracciare curve nel cielo, e inizia a scendere allo stesso modo nella direzione opposta. Sul versante settentrionale, aveva grandi cornici rocciose che precipitavano verso il vuoto, su una ripida parete di roccia e ghiaccio blu. Quando lasciammo l'ultimo pendio di neve e cominciammo a cercare la nostra via tra le rocce, il sole fece timidamente capolino a est, come atto di presenza, sopra la lunga catena montuosa che all'orizzonte si estendeva a perdita d'occhio. La sua luce dorata dava alla neve dei riflessi rosa e gialli che sembravano rubati a un acquerello di Van Gogh; ci tingeva di arancio il viso e le mani scoperte, donando loro una forza fuori dal comune, salute, allegria. Allora ci sentivamo invincibili. Eravamo nel posto perfetto, nel momento perfetto, e il ciclo quotidiano del sole intorno alla Terra aveva, in quell'istante, il potere di trasformarci in esseri unici al mondo.

Devo riconoscere che ogni volta che scalando una montagna vedo il sorgere del sole, quel suo corso imperturbabile che va dall'oscurità al verde, dal verde al rosso, ai primi raggi di luce che spuntano nel cielo e scendono ad accarezzarti il viso, a darti quel poco di calore che cambia tutto, che illumina e ti fa sentire vivo, istante breve ma meraviglioso... devo riconoscere, dicevo, che sento sempre che il sorgere del sole è speciale, magico, che quel suo ciclo che non riesco a decifrare ha in sé qualcosa che mi fa impazzire. Forse è per questo che continuo a tornare in montagna, per cercare di scoprire cos'è quella forza sconosciuta che mi strappa dalle viscere quei palpiti di totalità. E mi costa ammettere che, nonostante queste emozioni, la pigrizia mi trattiene sempre a letto mentre il sole si sveglia e, una volta in piedi, quando già governa il cielo, mi prende la sensazione di aver perso una parte importante, essenziale, di ciò che avrei potuto fare, del giorno che, purtroppo, non appartiene più al futuro, ma, in parte, già al passato. È per questo che il sole mi incanta più nel suo sorgere che nel suo tramontare.

Il crinale era più difficile di quanto sembrasse in un primo momento; dopo aver provato invano a salire direttamente da uno sperone, trovammo una cornice che tra lamine di roccia e neve dura ci portava alla parte settentrionale, fino a una stretta *goulotte* di neve e ghiaccio. La cosa si faceva interessante. Interessante e pericolosa al punto giusto, per poter esprimere al massimo le nostre capacità tecniche e fisiche, ma con il rischio legato alla consapevolezza che non c'era alcun margine d'errore, che non c'era una seconda possibilità. La *goulotte* non era molto ripida, questo va detto, e si poteva sempre trovare un po' di neve dura tra il ghiaccio blu: con due piccozze per uno e dei ramponi d'acciaio sarebbe stato un gioco da ragazzi. Ma avevamo solo una piccozza ciascuno, per giunta d'alluminio come i ramponi. Prudenti, cominciammo a testare ogni passo, esaminando il ghiaccio e la neve e la solidità della roccia, senza fidarci della nostra attrezzatura di metallo. Prima timidamente e poi senza correre, ma con un buon passo, iniziammo a risalire lo stretto canale di ghiaccio e neve che si apriva sopra le nostre teste, con una mano alla piccozza piantata nel ghiaccio e le dita dell'altra nel buco che facevamo parallelo alla lama dell'attrezzo. Un'ora dopo, con la difficoltà ulteriore di dover avanzare sprofondando fino alle ginocchia, arrivammo alla vetta dell'Aiguille de Bionnassay e cominciammo la discesa con gli sci giocando con le forme dell'affilato crinale. Ci restavano solo mille metri per raggiungere la cima del Monte Bianco, il Tetto delle Alpi, il centro dell'alpinismo, ai cui piedi è nata la passione per ciò che facciamo. Lì generazioni di alpinisti hanno sognato di scalare quelle pareti, per le vie più facili nel Seicento, lungo i crinali più impressionanti nell'Ottocento e, nel secolo scorso, per le pareti più complesse, con gli sci, in parapendio, correndo o scalando o nei modi più inimmaginabili. I paesi alle sue pendici, Chamonix e Courmayeur, sono stati la culla degli alpinisti più famosi. Francesi e italiani. Inglesi, americani, scandinavi, sportivi di tutto il mondo sono venuti alle sue falde per scoprire i segreti della sua roccia prima di spiccare il volo verso le montagne più lontane. È tra questi crinali che Lionel Terray scoprì quello che siamo veramente noi che viviamo tra le mappe e sogniamo cime aguzze: siamo *I conquistatori dell'inutile*, l'immagine più bella della storia, e che Terray scelse come titolo del suo libro. Perché scalare le vette non ha nessuna utilità secondo l'ottica commerciale che oggi governa il mondo: lassù non troviamo niente di materiale, ma a livello spirituale troviamo tutto, assolutamente tutto. Per questo realizzare quella prima traversata no-stop del massiccio del Monte Bianco rappresentava un passo necessario, persino mitologico, prima di esplorare nuove montagne.

Io e Stéphane eravamo saliti sul Monte Bianco diverse volte negli ultimi giorni e ci eravamo ambientati bene. Insieme percorrevamo i crinali del massiccio, a volte con più difficoltà, con i piedi pesanti, e altre invece con la forza del vento, correndo come bambini che giocano nel cortile di casa, instancabili, senza nessuna cognizione del tempo e dello spazio, solo con il sorriso della gioia dell'istante presente.

Vetta del Monte Bianco. A mezzogiorno, con il sole a picco sulle nostre teste e un vento forte che ci sferzava il viso. Eravamo nel punto più alto, l'equatore del nostro viaggio. Ciò nonostante, ci restavano ancora più di tremila metri da salire e cinquemila da scendere; visto da lassù, era tutto più facile, semplice. Per cominciare, avevamo davanti a noi duemila metri di discesa! Duemila metri per goderci l'adrenalina della velocità sugli sci che filano sulla neve, duemila metri per goderci i movimenti del corpo che danza opponendosi alle forze centrifughe, centripete e d'inerzia, duemila metri per goderci il sorriso di un amico che sta facendo ciò che desidera.

Ma più giù, dopo l'eccitazione di una lunga e gioiosa discesa, ci aspettava un duro colpo: il caldo. Non perché ci disidratasse o ci tormentasse il corpo, ma perché ammorbidiva la neve molto velocemente. La neve dura e il ghiaccio che avevamo incontrato fino ad allora si trasformavano a marce forzate in una poltiglia simile a quella delle pescherie nei supermercati. E con la neve molle, mentre salivamo lungo il ghiacciaio di Talèfre verso il Col des Droites, cominciavano a essere sempre più frequenti piccole slavine e colate di neve sui due versanti della valle. Davanti a noi, un'ampia e ripida lingua bianca, che si riduceva a uno stretto corridoio nella parte finale, aspettava immacolata che il peso dell'acqua prodotta dalla neve sciolta fosse sufficiente per catapultare in fondo alla valle, in pochi secondi, tutte le tonnellate di neve accumulate durante l'inverno. Sempre che, chiaramente, il peso di qualche altro oggetto – io e Stéphane – non accelerasse il processo catapultando anche noi tra le tonnellate di neve. Restammo fermi ai piedi della parete a osservarla, quasi sperando che succedesse qualcosa, come per miracolo, e la neve cambiasse direzione mentre si scioglieva. Naturalmente la neve e il sole erano indifferenti alle nostre preghiere e cominciammo a valutare altre alternative, per esempio cambiare strada, visto che cercare di attraversare in qualche punto il crinale che avevamo di fronte era un suicidio vero e proprio. Non c'era nessuno sperone di roccia o corridoio abbastanza ghiacciato per poter passare inosservati durante le due o tre ore di cui avevamo bisogno per arrivare in cima alla cresta. E sicuramente la discesa che ci aspettava dopo non sarebbe stata in condizioni migliori. L'altra possibilità era tentare di scendere e passare dai corridoi di Oreilles du Lapin fino a Grands Montets prima di risalire di nuovo dall'altro lato del crinale. Tuttavia, anche se nella prima parte la mancanza di neve ci avrebbe dato la sicurezza di un terreno solido, le condizioni non sarebbero migliorate più avanti: avremmo solo rinviato il momento di affrontarle. Continuare, in ogni caso, era come passeggiare per circa sette o otto ore su un campo minato. E in montagna, se compri molti biglietti della lotteria, prima o poi il tuo numero uscirà.

Avevamo due possibilità per non rischiare la vita. Potevamo scendere a Chamonix attraverso la valle e tornare a casa: tenendo conto che era metà pomeriggio, saremmo arrivati per cena. Pensandoci bene, quel che avevamo fatto fino ad allora era già una buona traversata e un buon allenamento. Oppure avremmo potuto restare a dormire lì, nel rifugio di Couvercle, e aspettare che le basse temperature notturne restituissero alla neve la solidità di quel mattino rendendola di nuovo sicura.

Bastarono poche parole e uno sguardo per constatare che la seconda opzione era l'unica possibile una volta arrivati a quel punto. Alle sei del mattino, dopo alcune ore passate a cercare di addormentarci, ci mettemmo in cammino verso il Col des Droites, stavolta con una neve dura come la pietra sotto i nostri piedi. Due ore dopo, con i primi raggi di sole che riscaldavano la neve sul versante a nord-est, eravamo finalmente sul crinale, sulla cima di Les Courtes, e ci preparavamo a lasciare la nostra firma con gli sci. Il versante nord-nord-est di Les Courtes, la gola da cui dovevamo scendere, è un'iniziazione allo sci estremo: una discesa ripida di circa quarantacinque gradi di pendenza, molto regolare per tutti i suoi settecentocinquanta metri di dislivello. Su un terreno come questo il diritto all'errore è pari a zero: cadere su una discesa così può finire solo in un modo. Dopo averla osservata per un po', Stéphane cominciò a fare una grande diagonale per verificare le condizioni della neve e, nell'eventualità di un grande accumulo o di una placca a vento, tagliare la valanga e farla scendere prima che potesse travolgerci.

A metà della diagonale si lanciò giù compiendo delle

grandi virate, e gridando un «Yiiiiiiihaaaaaaa» sempre più sfumato man mano che la velocità aumentava. La neve era fantastica, sufficientemente dura per non temere che si rompesse sotto gli sci e con una superficie friabile di tre o quattro centimetri di spessore, che permetteva agli sci di aderire facilmente. Era perfetta. Mentre le ampie virate di Stéphane si susseguivano sempre più in basso e il suo urlo svaniva, mi lanciai cercando di seguirlo.

Dopo un'incredibile discesa, mentre riprendevamo fiato per le emozioni vissute negli ultimi minuti, cominciammo a salire verso l'Aiguille d'Argentière, l'ultima vetta della catena guardando verso oriente. Ci restavano solo mille metri di salita, e poi una lunga discesa fino a Champex, all'estremità più occidentale del massiccio. Era fatta! Andavamo avanti spediti, sicuri, con i piedi che, appena sfiorata la neve, già iniziavano il passo successivo.

Era facile, era veloce e non ci costava fatica, una fatica diventata sempre meno gravosa man mano che ci avvicinavamo alla cima. Con poche nuvole nel cielo e il vento fresco sul viso, raggiungemmo la vetta, ci fermammo un momento per guardare dietro di noi tutte le cime e le valli dove avevamo lasciato le impronte dei nostri passi, il nostro segno. Uno stormo di corvi cominciò a giocare con il vento sopra le nostre teste, cercando di prendere al volo qualche briciola della barretta che stavamo mangiando. Era una danza silenziosa, una comunione totale tra il nostro spirito realizzato e il gioco della natura. Era perfetto.

Sai che cos'è la felicità? La felicità pura? Non si prova nel momento in cui si riesce in qualcosa, quando è già iniziato il processo di assimilazione. No, la felicità pura si prova nell'istante prima di raggiungerla, quando ti rendi conto che stai per farcela. È l'istante in cui le labbra di un adolescente si avvicinano per baciare la persona che forse amerà per il resto della sua vita; l'istante in cui un matematico ha un'illuminazione e vede chiaramente come formulare quella teoria che il mondo scientifico insegue da anni; è quell'istante in cui un maratoneta alle Olimpiadi vede l'arrivo, guarda indietro e si rende conto di avere un vantaggio sufficiente a tagliare per primo il traguardo; è il momento in cui una donna sa che qualche mese dopo avrà in braccio un bambino, il suo. Per noi fu quello il nostro istante di felicità pura, lì, sulla cresta dell'Aiguille d'Argentière, sferzati dal vento e sotto il cielo velato.

Ma la linea che separa la felicità dal dolore è molto più sottile di quanto si possa immaginare. Si pensa che la distanza tra questi due opposti sia grande, che il cammino dall'uno all'altro sia lungo, così che si possa avere il tempo di scoprire pian piano, nel bene o nel male, tutte le sfumature possibili. Ma non è così. Piuttosto, si crea un buco spazio-temporale che ti trasporta o, meglio, ti fa precipitare in un attimo dalla felicità più pura al dolore.

Be', non sarei onesto se non riconoscessi l'esistenza di un passaggio intermedio o, piuttosto, di un percorso che separa il dolore dettato dall'incredulità e un dolore nascosto, passando attraverso un dolore che ti blocca prima di svegliarti di colpo e iniziare le procedure per organizzare il salvataggio; il dolore della disperazione di sentire ogni secondo prolungarsi fino a diventare eterno mentre aspetti l'arrivo dell'elicottero; il dolore della rabbia nel renderti conto che non puoi fare nient'altro e allora ti maledici; il dolore dello smarrimento davanti al tuo vuoto, senza poter capire la parola *futuro*, e un dolore a fior di pelle, irritante, prima che il tempo, senza cancellarlo, lo ricopra.

Lassù, circondati dal cielo più che dalla terra, quando guardavamo già avanti subito dopo quei primi momenti di gioia e, fianco a fianco, compivamo i primi passi per realizzare il nostro sogno, Stéphane, idolo, mentore, amico, Dio, cadde nel vuoto, per la cornice che si era spezzata sotto i suoi piedi. Ma non scomparve come il sole di sera, come la primavera con l'arrivo del caldo, o come le stelle cadenti quando attraversano il cielo. No, le persone non scompaiono mai, le persone restano per sempre; anche se la loro assenza ci soffoca, è la loro presenza a sostenerci.

A farmi più rabbia è che in quel momento, mentre camminavo al suo fianco, quando tutto ciò che esisteva a venti centimetri a destra dei miei piedi sparì all'improvviso, feci un passo indietro. Passarono pochi istanti prima che corressi a vedere cosa fosse successo, ma le prime reazioni del mio corpo furono lo spavento e l'autoconservazione e spostai il peso sui talloni. Perché non mi tuffai a destra allungando la mano? Perché non saltai, in un tentativo, impossibile, di strappare Stéphane al vento, sperando di trovare una parte del suo corpo e di sentire il calore umano tra le dita, quel calore sprigionato dalla sicurezza di una madre nell'abbracciare il figlio? Provavo rabbia per la mia vigliaccheria e invidia nei confronti della persona che avrei voluto essere e che si sarebbe lanciata senza esitare. Ma avevo fatto un passo indietro nascondendomi alla morte, scoprendo che il nostro primo istinto è quello di aggrapparci sempre con forza alle catene della vita.

Ero su una vetta affilata, il vento soffiava con violenza spettinandomi i capelli in tutte le direzioni. In basso, le valli erano coperte da una foschia che ne sfumava i contorni. La mia mano era ancora protesa nel vuoto, come per afferrare qualcosa che era sempre stato lì ed era scomparso solo per un momento, come nell'attesa che l'altro tornasse e la stringesse. Mentre cercavo una spiegazione per ciò che era successo, uno dei corvi passò sopra la mia testa sulle ali del vento. Allora capii che Stéphane non se n'era andato per un momento. Se quel corvo era legato indissolubilmente al vento, io, da quell'istante, sarei stato per sempre incatenato a quella montagna.

2
Sotto il sole

La star rifugge i traguardi comuni,
ed è pronta a volare basso
per giustificare
le lacrime agli angoli degli occhi,
per dissimulare
le lacrime che minacciano di scendere.
Quique González, *En el backstage*

Da giorni ero così prostrato da non riuscire a risollevarmi. I miei pensieri non trovavano l'uscita di un labirinto di domande senza risposta; di ipotesi su come sarebbero andate le cose se avessi preso decisioni diverse. Da una vita esaltante, senza un attimo di respiro, in cui ti alzi, ti infili le scarpe mentre fai colazione, vai a correre e intanto controlli la posta sull'iPhone, torni a casa e ti cambi, mangi un piatto di pasta, vai a prendere un caffè con gli amici o parli con un giornalista del rapporto tra uomo e natura, poi rientri e fai la valigia mentre rispondi a un post su Facebook o a un tweet, sali in macchina per andare all'aeroporto, ti fermi un momento alle poste per spedire un pacco a un amico a la Réunion e per ritirare quelli che si sono accumulati dall'ultima volta che sei partito, quindi prendi l'aereo e approfitti del volo per rispondere alle e-mail... Insomma, da una vita in cui non avevo tempo di pensare al tempo, in cui i secondi si accavallavano e si accapigliavano per farsi largo, tutt'a un tratto i secondi si ritrovavano a fluttuare in uno spazio vuoto, e io riuscivo a sentire la loro eco che risuonava nell'immensità del tempo.

Non misuravo più il tempo che avevo per fare ogni attività; adesso era il tempo a misurare me, perché, al di fuori del tempo, dei secondi che si dilatavano, io non esistevo.

In momenti del genere si tende a cercare la vicinanza degli altri. Ci sono persone che non sopportano la solitudine e quando il loro ego scompare hanno bisogno di sentire l'affetto dei propri simili per poter riaccendere il fuoco che gli si è spento dentro. Io invece non sono così; ho bisogno di stare lontano dagli abbracci degli altri e solo nella solitudine riesco a trovare la serenità necessaria per rispondere alle domande che, davanti alle persone che amo, tengo sigillate in un cassetto per ostentare forza e tranquillità. Ma tutti i cassetti, prima o poi, si devono aprire. I miei genitori, i miei fratelli le tentarono tutte per venire a trovarmi, per *starmi vicino*; i miei amici mi subissarono di telefonate per invitarmi al cinema, a una mostra, o anche solo a bere una birra. I miei sponsor, i miei allenatori e l'équipe tecnica mi dicevano che dovevo concedermi un po' di tempo, stare lontano dalla montagna, farmi coccolare e prenderla con calma. La solitudine è difficile da capire, soprattutto quando non viene condivisa, cosa che non accade mai.

Per questo decisi di fuggire da quella valanga di affetto e rinchiudermi in un rifugio sulle Alpi italiane. Solo fra rocce e ghiaccio, fra cielo e ghiacciai, avrei potuto ritrovare me stesso; le montagne non ti vogliono strappare lacrime o sorrisi, non ti chiedono scusa né ti fanno i complimenti, non porgono condoglianze né tendono tranelli. Le montagne sono come gli specchi: ti ci vedi dentro, nudo, così come sei.

Così me ne andai in un piccolo rifugio sul versante meridionale del Monte Bianco, a tremila metri di altezza, a cavallo fra la cresta delle Aiguilles Grises e il ghiacciaio del Dôme. In equilibrio su grandi blocchi di roccia, c'era una piccola costruzione rettangolare di lamiere d'alluminio argentato ormai grigio opaco, che mostravano i segni del tempo e l'inclemenza della montagna a quelle altitudini. L'interno era invece confortevole e poteva dare riparo a una trentina di alpinisti. Opera ultramoderna per la sua epoca, il rifugio era stato realizzato nel 1963 con elementi prefabbricati prodotti a Saint-Denis, nella valle di Courmayeur, e trasportati con elicotteri dell'esercito americano sulla cresta, dove guide ed esploratori italiani avevano ricavato fra le rocce una piattaforma su cui montare la costruzione. A causa delle condizioni meteorologiche e peculiari della montagna, durante la missione non era stato possibile posizionare il prefabbricato sopra la morena di roccia a cui era destinato e così era rimasto tra le fenditure del ghiacciaio, a circa quattrocento metri più a valle. L'alta tecnologia a volte non va d'accordo con l'alta montagna, e le previsioni degli scienziati di Torino erano lontane da come andavano veramente le cose fra i colossi di ghiaccio. Fu lo zio di un esploratore di Courmayeur, Loran Grivel, ad avere l'idea di installare una teleferica per far arrivare i pezzi a destinazione. Grazie al grande lavoro e all'ingegno di guide ed esploratori vennero trasportati a braccia, fino al ghiacciaio, motori e cavi, e furono montate due piccole teleferiche con cui si portò il rifugio, pezzo per pezzo, alla sua collocazione definitiva. Il fabbricato consisteva in una specie di capsula rivestita di legno all'interno per mantenere (almeno un po') il calore; dentro c'erano tavoli e panche rudimentali su cui sedersi per mangiare un boccone e guardare il sole e le nuvole dalle finestre oppure, sul muro, vecchi poster e fotografie di grandi alpinisti o di altri personaggi meno noti che avevano legato il loro nome a quelle montagne. Un buco in una cabina sospesa nel vuoto a fare da bagno e una serie di letti a castello di legno, con i materassi sottili e le coperte che pungevano, completavano uno spazio dove c'era tutto il necessario per sopravvivere. Quella "scatola" di alluminio aveva fatto da riparo, da confessionale e da scudo a migliaia di alpinisti a partire dagli anni Sessanta, e cinquant'anni dopo, pensavo, avrebbe fatto a me da confessore, redentore, amico e salvatore.

Quando ci arrivai dopo tre ore di corsa, con lo zaino in cui avevo messo qualcosa per coprirmi, un paio di libri e cibo liofilizzato per qualche giorno, stavano costruendo un nuovo rifugio, molto più moderno, con pannelli solari per l'energia elettrica, un interno più caldo e confortevole e grandi lastre argentate che gli davano un aspetto futurista. Aveva però gli stessi problemi tecnici, causati dal vento forte e dalla neve accumulata durante l'inverno, che gli architetti milanesi non avevano previsto dal loro ufficio di via Santa Margherita.

Cominciava la stagione e, di conseguenza, il viavai delle guide con i clienti, che arrivavano al rifugio pieni di entusiasmo per il sogno di raggiungere il Monte Bianco il giorno dopo, o esausti per il sogno esaudito, pieni di sonno, con i segni del vento sul viso e i piedi intirizziti dal freddo, duri come sassi. Il rifugio era piuttosto animato; arrivavano alpinisti a metà pomeriggio, parlavano con il gestore oppure fra di loro, e dopo cena, alle sei, andavano a dormire. Quando mi svegliavo al mattino non c'erano già più, usciti verso l'una di notte per approfittare della neve ancora dura e della lunga giornata davanti. Mi era quindi facile essere invisibile in quel movimento silenzioso.

Qualche volta mi univo a un gruppo di alpinisti o di guide per chiacchierare, per *filosofare*, come si dice nei rifugi. Le cose ti sembrano molto più semplici da lassù. È facile risolvere i problemi quando sei in mezzo alle nuvole, ma, quando torni giù, ti succede come agli architetti milanesi, che non considerano certi fattori. Parlavamo delle ultime notizie, della politica di Berlusconi o della guerra in Siria; parlavamo di altre montagne, di quella montagna, di amici in comune, di amici che non c'erano più. Fra i presenti, molti come me avevano perso qualcuno all'altro capo della corda. Si stabilisce una sorta di complicità silenziosa tra chi ha lasciato una parte di sé sulla montagna; non c'è spazio per i lamenti e le condoglianze, ma solo per il silenzio.

Trascorrevo le mie giornate cercando di trovare una routine che mi svuotasse la testa e mi lasciasse la mente libera di poter pensare al domani. Era facile trovarla lassù, dove le comodità erano ridotte all'osso e l'unica eccitazione consisteva nell'immaginare di veder entrare una giovane svedese dalle misure perfette (non succedeva mai), o nell'assistere a una discussione fra una guida stufa di essere paziente e il suo cliente che si lamentava per la stanchezza. A parte qualche risata dopo una cena più alcolica del dovuto e un piatto rotto, in quei giorni il silenzio fu il mio unico compagno.

Una mattina, come tutte le mattine, andai a correre per prendere un po' d'aria e dare sollievo allo spirito: la fatica fisica ha sempre avuto questo effetto su di me. Uscii dal rifugio senza controllare che tempo facesse, senza prendere l'attrezzatura e neanche il necessario per coprirmi. Avevo passato una notte difficile e volevo solo correre, sentire funzionare il corpo come quello di un animale; meccanica e biomeccanica, nient'altro. Cominciai ad arrampicarmi su per le Aiguilles Grises, senza una meta precisa, deciso a concentrarmi sull'istante, sul passo, sui piedi, sulle mani e sul respiro. Ero fuori già da qualche ora ed ero salito di parecchio, così fino a quel momento non avevo fatto caso ai grossi cumuli neri nel cielo, né alla temperatura che scendeva man mano che andavo su. La pioggia mi sorprese sotto forma di nevischio e il freddo mi si infilò dentro le ossa. Correndo avevo scollinato dalla parte del ghiacciaio di Bionnassay e, per tornare al rifugio, dovevo riscalare la cresta e poi scendere. Mi scrollai dai miei pensieri: dovevo prendere in fretta una decisione, senza esitazioni, perché a ogni secondo che passava la tempesta intorno a me si faceva più feroce. Guardai in su: la via più semplice prevedeva un'arrampicata in perpendicolare verso la cresta per circa trecento metri, e poi, dalla linea del crinale, scendere fino al rifugio per la stessa via dell'andata. Il vento spingeva le nuvole a grande velocità e la tempesta sembrava essersi incagliata sopra la mia testa; più in alto le condizioni non sarebbero state facili, ma era la via più breve: in un'ora, forse un'ora e un quarto, sarei stato al caldo nel rifugio. La seconda possibilità era scendere di qualche metro fino al ghiacciaio e da lì correre verso valle seguendo la lingua di roccia, in larga parte ancora coperta dalla neve che nascondeva le fessure più grandi. Una volta raggiunto il fondo della valle, si trattava di aggirare il crinale e salire fino al rifugio per la via normale, una strada più lunga forse d'un paio d'ore, ma più bassa e più protetta dai pericoli della tempesta. Un secondo, due secondi di esitazione e iniziai a scendere. In un paio di minuti feci una cinquantina di metri su una roccia piuttosto solida e, saltato sul ghiacciaio, mi misi a correre veloce verso valle. Man mano che scendevo, trovavo sempre meno neve e sempre più fenditure. Senza pensarci, senza girarmi a guardare se la tempesta guadagnava terreno, mi inoltrai in quel labirinto di massi e fessure fra il ghiaccio. Saltai la prima e ne costeggiai un'altra fino a trovarmi di fronte a una terza, profonda una cinquantina di metri, che mi bloccava il passaggio per tutta la lunghezza del ghiacciaio. Mi fermai. Doveva essere larga circa due metri e mezzo. Non era una cosa dell'altro mondo, potevo attraversarla con un salto e continuare per il ghiacciaio fino a valle. Mi mancavano duecento metri per raggiungere le morene di roccia e mettermi così al sicuro. Ma se dopo questa ne avessi incontrata un'altra più grande, non avrei potuto fare marcia indietro e mi sarei ritrovato intrappolato fra due lingue di ghiaccio. Mi voltai indietro: la tempesta sembrava essere rimasta sopra la cresta, a trecento metri da me. I minuti scorrevano. Saltare o non saltare, questo era il dilemma. In molte occasioni la vita dipende da un passo, da una piccola decisione che ci apre una nuova strada o ci mette su una via già tracciata.

In quell'occasione non volli scoprire l'ignoto; la paura, l'ignoto, erano troppo grandi e troppi gli interrogativi. Feci dietrofront e cominciai a salire di nuovo ripercorrendo le impronte lasciate dai miei piedi. Più salivo e più mi addentravo nella tempesta. La temperatura scendeva ancora e il vento si ingrossava. A ogni passo maledicevo la mia paura, la mia vigliaccheria per non aver saltato. Ma a ogni passo ero anche più vicino alla meta. Ormai mancava poco per raggiungere la linea del crinale quando, in mezzo al vento, sentii un improvviso silenzio. Durò una frazione di secondo, inquietante, sgradevole, poi una scarica di elettricità illuminò il cielo, e un attimo dopo un rumore secco e violento risuonò contro le pareti intorno a me. Il fulmine era caduto molto vicino! Merda! Perché non avevo avuto il coraggio di saltare? A quest'ora sarei stato già a valle! Accelerai il passo; un secondo tuono, poi un altro più vicino. Aumentavo il ritmo e trattenevo il respiro. Un altro ancora. Un silenzio troppo lungo... «Starà cercando me? Dài, manca poco!» Paura, un silenzio inquietante. Un quinto fulmine lontano. Un sospiro. Silenzio. Dovevo affrettare il passo. «BOOOM!! Questo è caduto vicinissimo.» Qualche secondo con il battito accelerato, mentre correvo quasi senza guardare dove mettevo i piedi e senza accorgermi che ero già sulla cresta e iniziavo a scendere a tutta velocità fra le rocce, finché in mezzo alla nebbia e alla neve non apparvero le lamiere argentate del rifugio.

Bevvi un sorso di tè caldo e per riscaldarmi mi rannicchiai

sotto una coperta in un angolo della sala da pranzo. Al tavolo accanto, un gruppo di alpinisti arrivati a metà mattina chiacchieravano tranquilli fra il tepore delle pareti di legno e la sicurezza del riparo, come se non fosse successo niente. Ma era successo qualcosa? Il mio unico pensiero venti minuti prima – sfuggire al pericolo dei fulmini e avere salva la vita – mi sembrava lontano e stupido adesso che avevo varcato la porta del rifugio. Una guida avanti con gli anni, alle continue domande dei suoi clienti norvegesi sull'età di pensionamento in un lavoro così duro ed esposto a grandi rischi, raccontava una storia mentre quelli divoravano la loro zuppa.

... Dopo anni di guerra e povertà, in un Paese oppresso, il nuovo sovrano, un giovane re illuminato, percorreva il regno liberando tutti i sudditi. Nel mezzo della tundra trovò una casetta dove un uomo viveva in povertà, con una pecora e un orticello.

«Io ti libero» disse il re. «Ora puoi andare.»

«Andare dove? Se me ne vado, chi baderà alla mia pecora?»

«Non sei costretto a occupartene da solo; sei libero. In città qualcuno potrà badare alla tua pecora quando vorrai andare da qualche parte.»

«Io ero già libero...»

«Non è vero, visto che non puoi muoverti da qui. Sei legato al tuo animale e al tuo orto per poter vivere.»

«Senza la mia cura, l'orto e la pecora morirebbero, e senza di loro io non potrei mangiare; con gli anni abbiamo imparato ad amarci. Se la libertà serve a qualcosa, è per poter cercare la felicità. La libertà è scegliere le catene. Scegliere le cose che ci rendono felici. Se non posso dare da mangiare alla mia pecora e innaffiare il mio orto, io non sono libero.»

«Mi hanno sempre detto che per essere libero non dovevo seguire nessuno, che per poter essere me stesso dovevo tagliare i ponti con ogni cosa.»

«E tu, cosa vuoi? Vuoi essere re di un piccolo mondo o naufrago dell'infinito?»

«Essere liberi è avere delle catene?» mi chiedo. Come sono fatte queste catene? Sono le corde che ci mettono al sicuro e che ci impediscono di cadere durante una scalata? Non penso, dato che non avrebbero utilità nella vita quotidiana, ma solo in caso di caduta. Forse sono fili a cui siamo attaccati, come marionette? Catene di questo tipo, credo, si possono spezzare con la consapevolezza e l'indipendenza. Sono forse simili alle catene di una prigione, che ci tengono legati a muri immobili come cantava Bob Dylan? «*Ah, my friends from the prison, they ask unto me "How good, how good does it feel to be free?": And I answer them most mysteriously "Are birds free from the chains of the skyway?"*», «Gli amici della prigione mi chiedono: "Com'è, com'è sentirsi liberi?". E io rispondo loro misteriosamente: "Gli uccelli sono liberi dalle catene del cielo?".» Può essere, ma credo che queste catene siano superflue, che ci diano l'illusione di una finta libertà che si confonde con l'indipendenza che possono darci i soldi, il fatto di possedere una macchina, il lavoro, la casa...

Dovremmo essere capaci di spezzare queste catene, certo, ma spesso rompiamo quelle sbagliate. Forse le catene della libertà sono come le corde che troviamo già fissate alla roccia quando saliamo una cima, a cui ci aggrappiamo forte per poter scalare pareti e senza le quali non potremmo proseguire. Avere catene può farci male, perché se quella che ci sorregge si spezza precipitiamo vertiginosamente. Ma senza nessun tipo di catene, fluttuiamo nel vuoto, smarriti, e non sappiamo dove andare. Abbiamo bisogno di catene a cui aggrapparci, che ci aiutino nel cammino. Anche se oggi sono in montagna perché ne ho bisogno per vivere, per vivere ho bisogno anche di amore, dell'amore dell'amicizia, di imparare; per essere libero ho bisogno anche di sognare. Dentro di me si è spezzata una catena fortissima, ma negare i sogni che avevo, negare le mie passioni, sarebbe negare la mia libertà. Sì, essere libero significa decidere col cuore quali sono le mie catene e seguirle con la ragione, con la consapevolezza di ciò che può accadere se dovessero spezzarsi, ma anche di ciò che può accadere se si raggiunge la cima.

Cosa può fare un uomo che a venticinque anni ha già ottenuto tutto ciò che desiderava dalla vita? Un uomo che ha bruciato una tappa a cui si aspettava di arrivare dopo quindici o vent'anni? Un uomo che non ha più sogni, non perché li abbia dimenticati o tema di fallire continuando a inseguirli, ma perché li ha realizzati uno dopo l'altro? L'impazienza mi ha portato a prepararmi con dedizione, ad allenarmi con meticolosità e, alla fine, a conquistare un successo prematuro, a bruciare in poco tempo tutta la legna dei sogni, evaporati come l'acqua di un geyser. E adesso, a venticinque anni, non cerco sorrisi intorno a me per le mie vittorie. Vincere ha perso ogni significato, perché dietro la vittoria non ho un sogno da realizzare; vincere ha perso il senso che gli davo finché non ho imparato cosa vuol dire perdere. Perdere qualcuno è perdere il futuro, i sogni che ci univano. Vincere è ogni momento passato che conservo gelosamente nel cuore e che mi ha fatto crescere. Oggi vedo il mio passato come avrei voluto vederlo a quarant'anni, e i prossimi vent'anni sono per me un'attesa, prigioniero di un mondo di successi esteriori privi di emozioni profonde.

Sai che volevo morire in montagna, vero? A volte sognavo l'incidente, di sparire come Hermann Buhl, Jerzy Kukuczka, Marco Siffredi o Patrick Berhault, in una visione romantica portata all'estremo per l'amore di uno sport che non è un semplice sport, ma un modo di vivere, una simbiosi con la terra. Come nelle fantasie di suicidio preadolescenziali, quando morire è solo un'idea lontana priva di emozioni reali, un atto di ribellione e di narcisismo, in cui la morte ha un'immagine dolce. Da piccolo dicevo che volevo morire a ventun anni facendo per la prima volta la discesa del K2 con gli sci, la seconda vetta più alta della Terra, di pochi metri inferiore all'Everest ma indubbiamente molto più difficile: il simbolo dell'impossibile. Non c'è nessun amore o dolcezza nel morire in montagna. La morte è solo morte, e non è poco. È la fine di tutto solo se non si hanno legami, se non ci sono altre persone, perché altrimenti la morte ha un futuro, un futuro che si porta via una parte di noi quando scompare una persona che amiamo. Un futuro fatto da un piccolo vuoto che non si potrà mai riempire. È il futuro di quelli che restano e che continuano ad aspettare chi non c'è più, pur sapendo che non tornerà. Perché se n'è andato lui e non io? Perché non c'ero io in quel punto sulla destra in quegli ultimi passi? Io non avevo né moglie né figli, avevo meno legami, avrei causato meno dolore. In quel momento mi trovavo a una svolta, avevo ottenuto ciò a cui ambivo e aspettavo di passare alla fase successiva della mia vita e di intessere nuove relazioni. Se era giunta l'ora per qualcuno, quel qualcuno dovevo essere io, era la mia ora, non la sua.

Fra gli sprazzi di luce e ombra, nell'andirivieni di momenti nella memoria, fra quelli che sembrano sognati o troppo reali, fra quelli scomparsi, me ne torna in mente uno: la conversazione dell'ultima notte passata insieme, quando non riuscivamo ad addormentarci per la scomodità del posto e per il freddo che saliva dai piedi. Mentre cercavamo di scacciare il gelo e di trovare un angolo confortevole in cui sistemarci, parlavamo del prezzo che deve pagare chi fa sport estremi, in cui le imprese riuscite si contano sulle dita di una mano e i superstiti con il contagocce.

«Quando ero giovane» mi raccontò Stéphane mentre si toglieva lo zaino per prendere il necessario per coprirsi, «uno dei grandi idoli nella valle era Jean-Marc Boivin, che diceva: "*Pour vivre, il faut risquer*". Per vivere bisogna rischiare. È morto a trentanove anni dopo un lancio dalla cascata del Salto Ángel in Venezuela. Faceva parte di una generazione in cui le spedizioni e le scalate di alto livello erano considerate mediocri e veniva riconosciuta solo l'eccellenza.»

Quella sera parlammo con ammirazione di una generazione di eroi, di ragazzi con le loro paure come tutti, una generazione che è stata seppellita dai genitori. Adesso mi chiedo se valga davvero la pena morire per i sogni. Indubbiamente no, ma una cosa è aggrapparsi alla vita e un'altra è non vivere, non rincorrere i propri sogni, non innamorarsi, non lottare, non soffrire. Ma non dobbiamo confondere i nostri sogni con quelli di chi ci ha illuminato. Il rischio non è misurabile, dipende dalla persona e dalla forza del desiderio. Quanti di quelli che ci fanno sognare sono stati portati via dai loro sogni? Cos'è la vita senza sogni? Allora ripensai a una conferenza alla quale avevo assistito qualche settimana prima. Era venuto a Ginevra un grande divulgatore scientifico, di cui al momento non ricordo il nome, e non potevamo perdere l'occasione di andarlo a sentire. Aveva parlato, con un tono esistenziale e amabile allo stesso tempo, delle ultime scoperte sulla Terra, sull'universo e sul corpo umano (ad esempio, sapevi che nel nostro corpo ci sono molti più batteri che cellule? Che dentro di noi vivono oltre duemila specie di microrganismi?). Ma quello che più mi aveva colpito del suo discorso era la riflessione secondo cui più imparava e sapeva, e meno era sicuro del perché delle cose, dato che le spiegazioni possibili erano sempre di più. Imparare ci apre nuove porte verso la scoperta mentre riordiniamo stanze conosciute.

Stéphane mi diceva sempre di aspettare, che la montagna sarebbe sempre stata lì, e quando gli rispondevo «non fare domani quello che potresti fare oggi», si allontanava con un sospiro. Adesso mi pare di aver capito che l'esperienza non ti dà una maggiore sicurezza. Tutto il contrario: ogni volta che vado in montagna, vedo cose nuove che contraddicono quello che credevo di sapere. Con l'esperienza mi cresce anche la paura. E la paura è necessaria per vivere, perché al momento giusto mi accende la luce dell'istinto e mi avverte che oggi è meglio fare dietrofront, tornare a casa e prepararsi una cioccolata calda. L'esperienza mi insegna che la montagna sarà sempre lì ad aspettarmi. Domani, dopodomani o un altro giorno.

E mentre prendevo sonno in quel bivacco, un attimo prima di chiudere gli occhi, sentii uscire dalla bocca del mio amico una frase che si addiceva perfettamente al momento: «Yvon Chouinard diceva che se vai in montagna e ti porti quello che serve per fare un bivacco, farai un bivacco». Ridemmo, non avevamo portato con noi l'occorrente per dormire e la notte ci aveva presi alla sprovvista. Se vai in montagna e pensi che morirai... Ma a volte si fa buio anche se non lo vuoi.

Mentre nel rifugio mi vorticavano in testa questi pensieri, le lancette dell'orologio avevano fatto qualche giro e io mi ero dimenticato di cenare. L'unico a non essere ancora andato a dormire era il gestore, che stava lavando i piatti dei clienti. Addosso avevo ancora i vestiti umidi per la piccola avventura del mattino e cominciavo a sentire freddo. Andai in camera, mi spogliai, misi i vestiti sotto la coperta per farli asciugare con il calore del mio corpo e mi infilai nudo a letto. Mi addormentai subito. Era stata una lunga giornata.

Il giorno dopo mi alzai con il mal di testa, avevo la fronte bollente e il letto era zuppo di sudore: mi ero preso una bella influenza. Raccolsi le quattro cose che mi ero portato e tornai a casa. Le risposte che cercavo erano ancora lontane dalla mia coscienza, ma almeno sapevo in che direzione dovevo andare. La speranza manca quando mancano i progetti, e noi eravamo uomini forgiati nei sogni.

Passai qualche giorno a letto con la febbre, finché l'influenza non andò via e con lei anche le immagini più dolorose. L'anatomia di quell'istante mi lasciò ricordi più dolci a fior di pelle, sorrisi, conversazioni e lezioni, quello che ti piace ricordare se pensi a un amico. L'oblio è come un muro da pitturare: per quanta vernice tu possa usare, i graffi e i buchi del muro non spariranno ma resteranno lì nascosti finché con il tempo la vernice non si seccherà e verrà via. I buchi più grandi si possono solo coprire, non riempire. Il tempo fa sugli uomini quello che il ghiaccio fa sulle montagne: le graffia in silenzio mentre si scioglie.

Placata la rabbia e steso un velo sul lutto, i sogni e i progetti ripresero corpo; riprese corpo la vita che volevamo per noi. Le scalate, le vette e le traversate con gli sci, l'amore, l'amicizia, l'alba dopo un bivacco sulla montagna tornarono a vivere dentro di me mentre lo spettro della morte si allontanava. Vivrò fino al giorno in cui non sarò morto.

Avevo vinto questa battaglia. Sceso dal rifugio, cancellai dal mio elenco mentale: “superare la morte di Steph”. Ma le cose importanti non sono scritte in un elenco e non sono così facili da eliminare, sembra. Tu sai già che quella terapia fallì miseramente, anche se io me ne accorsi molto tempo dopo.

3
Thomas

La differenza tra la droga e lo sport estremo
è che dopo aver passato un giorno a drogarti
ti senti miserabile
e dopo aver fatto un'ascensione estrema
ti senti Dio.

Alcuni mesi dopo mi sentivo in gran forma e – cosa ancor più pericolosa – sentivo di aver imparato la lezione che la montagna mi aveva dato. Ma la montagna ha così tante lezioni da darci che non le impareremmo nemmeno in due vite. Dopo quella parentesi al rifugio, avevo ripreso a gareggiare. A differenza di ciò che pensavo, con un po' di allenamento mirato e la mente rivolta più alle cime che alle strategie di corsa, la mia condizione fisica e i risultati si dimostrarono molto superiori a quanto potessi ambire. Ogni corsa era come l'allenamento della domenica, quello di velocità, in cui un impegno preso con me stesso mi obbligava a vincere. E tranne in pochissime eccezioni, vincevo. Negli altri giorni della settimana, la competizione non esisteva. Come facevo a continuare a vedere nella competizione la stessa metafora di prima, fatta di battaglie, di lotta, di vittoria o sconfitta simbolica, se ora per me la sconfitta era solo un pugno all'ego? Come facevo a sentirla se in montagna potevo fare un gioco in cui le pallottole non erano di gomma ma di piombo, se gareggiare continuava a divertirmi, ma non soddisfaceva pienamente la mia brama di esplorazione e di lotta? Avevo bisogno di qualcosa di più concreto, di più vicino rispetto a una lotta al riparo di un pettorale, una lotta che ha regole umane e dimensioni limitate, avevo bisogno di ciò che potevo ottenere ma anche di ciò che potevo perdere. In una gara il massimo che puoi vincere è una corsa, un titolo, un premio che viene dall'esterno, anche se durante i mesi di preparazione e allenamento il premio puoi anche fartelo da solo. È un premio quasi materiale; è il risultato di un momento, di un decimo di secondo in più o in meno. È questo a renderlo bello e difficile, ma anche limitato, privo di sfumature. E ciò che puoi perdere? Come dicevo, una ferita temporanea all'ego.

Fu in quei giorni che cominciai ad appassionarmi alla scalata senza corde, a sfidare l'alta montagna con l'attrezzatura ridotta al minimo. Non era un segno di irresponsabilità o di incoscienza, ma una scelta ponderata e consapevole. Sapevo infatti che, in quel caso, la sconfitta era una pallottola di piombo dritta al cuore e, per non trasformare quel gioco in una roulette russa, era fondamentale darsi il tempo di riflettere e riuscire a crearsi una condizione del corpo e della mente molto vicina alla realtà.

Allora il mio livello non era dei migliori – e come sai, non è poi cambiato di molto – ma pian piano iniziai a prendere fiducia e a superare gli ostacoli che mi imponeva la tecnica; ad ogni modo, mi divertivo ed ero entusiasta di imparare.

Non mi è mai piaciuta l'eccellenza nella specializzazione. Nelle competizioni non mi sono mai sentito a mio agio: preferisco passare da un chilometro verticale a una corsa di centosessanta chilometri, da una gara tecnica di sci a una maratona di montagna facile. Credo che essere uno specialista sia un modo di onorare e servire la società, ma lascia molti vuoti; nella polivalenza trovo invece la mia sicurezza. Sono egoista? Forse. Sono cresciuto con il culto dell'autonomia e senza il timore della solitudine.

Questo non significa che non cerchi la perfezione. Mi piace che dietro ogni mio movimento ci siano una ricerca, uno studio e un lavoro, un miglioramento per tentare di raggiungere questa perfezione, ma sono cosciente che non potrò mai riuscirci, a causa della mia dispersività. Mi piace l'eccellenza, ma preferisco la libertà.

Anche in questo nuovo gioco che avevo cominciato era la polivalenza a scandire la mia quotidianità. Sci estremo se c'era tanta neve; alpinismo molto leggero, con il minimo dell'attrezzatura, se faceva bel tempo in alta montagna; scalata senza corda se il cielo era coperto... Ogni giorno era un'esperienza nuova e compiuta in se stessa; una scoperta di nuove frontiere e nuovi movimenti, un'esplorazione della montagna e il superamento delle nuove paure che via via apparivano. E nei non rari giorni in cui, pochi metri dopo aver iniziato questa parte dell'attività, facevo dietrofront perché avevo la sensazione che non era *quello* il giorno, che *non lo sentivo* o che la montagna *non era pronta*, tornavo a casa di corsa allungando il percorso, soddisfatto del mio allenamento e di essere arrivato fin sotto la parete.

Ogni giorno stavo in montagna pressoché dalla mattina alla sera; ogni giorno era una vittoria. Assaporavo intensamente il momento presente, la mia crescente capacità di superare con una velocità sempre maggiore i punti più difficili, più esposto ai rischi, più sicuro. Mentre correvo, scalavo o sciavo mi sentivo forte, realizzato, in crescita, libero, ma quando tornavo a casa la sera, mi abbandonavo immancabilmente sul divano, senza la forza di togliermi gli indumenti sportivi, né l'energia per continuare a leggere il libro che avevo iniziato, o rispondere alle e-mail che si accumulavano nella cartella della posta in arrivo; mi mancava persino la forza di volontà per prepararmi da mangiare. Mi accasciavo sul divano e facevo passare il tempo. Era come vedere allo specchio l'affascinante ragazza del quadro di Ramón Casas – né sdraiata né seduta, ma sprofondata tra i cuscini di un divano verde, con addosso il lungo abito nero del ballo e l'ondulata chioma rossa ancora raccolta in uno chignon – che reggeva senza forza un libro nella mano destra, abbandonata su un cuscino. Il particolare con cui mi identificavo maggiormente era quello sguardo perso, tra il libro e la parete, tra il presente e il passato. Rimanevo così finché la fame non mi costringeva ad alzarmi per preparare un po' di pasta all'olio o delle verdure alla piastra, o finché la ragione mi diceva di andarmene a dormire, senza aspettare il sonno che non arrivava.

E l'indomani mi alzavo sempre riposato e tutto continuava a essere perfetto, come se la sera e la notte fossero state una parentesi dovuta alla fatica di giorni intensi che dimenticavo ogni mattina, quando scendevo dal letto pensando a dove andare.

Cominciava a fare caldo nella valle e le condizioni per praticare lo sci estremo non erano buone; oltre a tre o quattro uscite, ciò che più facevo in quei giorni erano delle ascensioni veloci ai quattromila metri del massiccio e delle scalate in solitaria sulle pareti del versante sud, alle Aiguilles Rouges. In quei giorni raggiunsi le vette dell'Aiguille de Bionnassay, la Forbes sulla Chardonnet, lo sperone Frendo sull'Aiguille du Midi o l'Innominata sulla parete sud del Monte Bianco, con addosso scarpe da tennis, pantaloncini o cosciali, giacca antivento e, a volte, una piccozza d'alluminio o ramponi leggeri. Non erano vie molto difficili: con l'attrezzatura usata dagli alpinisti che superavo – due piccozze tecniche, ramponi d'acciaio, due corde, materiale di assicurazione, *friend*, moschettoni, l'occorrente per dormire, mangiare eccetera –, si percorrono senza nessun problema e per le aspiranti guide rappresentano un buon avviamento all'alpinismo in altitudine. Il terreno è sia interessante che pericoloso, mediamente facile, trovo, ma guai a cadere. Su questo tipo di terreno, la sicurezza è la velocità per venire via dalla montagna in poche ore, e la tua vita dipende dalle tue dita, dalle lame dei tuoi sci o da come appoggi il piede sulla neve. È la libertà assoluta, è la ricerca del massimo controllo sul tuo corpo, senza interferenze artificiali o materiali. Ma questa libertà reclama un margine di errore pari a zero: fermarsi, non avere le capacità tecniche o fisiche sufficienti oppure il minimo problema erano sinonimo di conseguenze gravi, molto gravi. In seguito avremmo chiamato questo sport *alpinrunning*, un mix di corsa e alpinismo. L'idea era di percorrere le vie più suggestive, le cime più slanciate e i crinali più belli partendo di corsa dal paese più vicino, senza mai utilizzare teleferiche, rifugi o strade, correndo soltanto, il più velocemente possibile, fino ai piedi della parete, scalarla con il minimo necessario di attrezzatura, che naturalmente avevamo con noi dall'inizio e, una volta raggiunta la vetta, scendere di nuovo fino al paese per pranzo. Semplice, no? Mi piacciono le cose semplici, gli sport che si possono spiegare con una sola frase. L'essenza dell'attività stava nella semplicità con cui la si affrontava, nella logica del percorso. Mi piace correre velocemente, sentire il mio respiro accelerato; mi piace la velocità, non mi piace perdere tempo. Non mi piace camminare in città... Perché camminare se si può correre? Mi piace sentirmi come un animale, come un camoscio che risale un sentiero o si inerpica con leggerezza su una montagna; mi piace sentire i muscoli stancarsi e i polmoni distribuire il massimo dell'ossigeno. E mi piace scalare leggero, senza corda né attrezzature su pareti lunghe. Sento di voler arrivare immediatamente alla fine, perché ho una certa paura, ma anche di voler continuare eternamente, perché percepire la vita scorrere nelle mie dita, nei miei movimenti e nel mio corpo mi fa sentire reale, vivo. Quando sei concentrato sui singoli gesti, su dove metterai la mano, su come appoggerai le dita del piede, esiste solo quello e il resto scompare; la vita e il mondo sono interamente racchiusi nel movimento presente e vai avanti, per sopravvivere, all'interno di una bolla in cui dimentichi che tutto ciò che c'è fuori esiste o è esistito. C'è solo ciò che sta succedendo tra la tua mente e il tuo corpo: la mano suda, le braccia cominciano a tremare. Scendo di nuovo per alcuni passi fino a una buona presa e lascio rilassare i muscoli, respiro forte, ansimo... Non posso tremare ora! Sì, sì che ce la puoi fare! Hai già superato la parte più difficile. Prendo di nuovo aria e ricomincio a scalare, facendo attenzione a compiere movimenti con la massima sicurezza, lenti ma scorrevoli. Le mie mani si assicurano che ogni presa sia salda, respiro profondamente; la paura non esiste, e nemmeno il passato o il futuro. Esiste solo il presente, il gesto presente. Questa cosa mi rilassa, mi fa dimenticare, mi obbliga a concentrarmi su uno sforzo psicologico così grande da svuotarmi e farmi rinascere quando finisco. È un'attività che mi piace, ma con moderazione; è eccitante e assolutamente appagante, come un orgasmo molto intenso, ma estenuante, e in cui so che non basta essere al cento per cento.

Successe in un giorno di fine agosto, un giorno caldo, quasi afoso in fondo alla valle. Una cappa di inquinamento, prodotta dai camini a legna e dai tubi di scappamento di camion e macchine che transitavano in quei giorni di festa sull'autostrada, si era insediata, schiacciata dall'anticiclone, al di sotto dei duemila metri, lasciando un'aria gialla e densa. Sopra la cappa, l'aria fresca accarezzava soavemente i boschi e le pareti di roccia più elevate dei due fianchi della valle di Chamonix. Sul versante meridionale, il sole estivo era abbastanza caldo da rendere l'aria gradevole e allontanare la sensazione di afa. I prati erano di un verde brillante dopo le abbondanti piogge di luglio e l'acqua scorreva allegramente nei torrenti.

L'azzurro intenso del cielo, senza l'ombra di una nuvola, e il bianco delle cime innevate davano l'impressione di essere ancora in tarda primavera. Io stavo scalando una parete di un granito ruvido dai toni rossicci messi in risalto dal sole sopra le alte cime dell'altro fianco della valle, che riscaldava la mia schiena e la roccia alla quale ero aggrappato.

Fu lì che conobbi Thomas. Ero fermo in mezzo alla parete, a circa centocinquanta metri da terra, in un passaggio per il quale non riuscivo a trovare la soluzione. Misurava appena due o tre metri; da sotto non pareva difficile e sembrava molto più corto, o magari ero io a sembrare più grande. Fatto sta che ero bloccato lì. Non mi era ancora preso il panico; ero in una buona posizione. Avevo una presa salda con la mano destra e i piedi poggiavano bene su un gradino di circa due centimetri di larghezza. Potevo mantenermi in equilibrio senza uno sforzo eccessivo, i miei muscoli avrebbero resistito in quella posizione il tempo che volevo. Ma dovevo proseguire per uscirne; più in basso, un paio di passaggi complicati mi avrebbero fatto temere la discesa. Era il momento di respirare profondamente, di calmarsi e di cercare tranquillamente una soluzione; di ispezionare la parete e individuare una presa per la mano destra, per la sinistra o per un piede, che mi permettesse di sbloccare la situazione. La difficoltà della via non era superiore a 6, dunque il passaggio non poteva richiedere una soluzione troppo complicata. Cominciai a guardare, a tirare un po' su i piedi tenendo la mano destra nella presa. Muovevo la testa da una parte all'altra alla ricerca di un punto di appoggio, ma non ne scorgevo nessuno. Cominciai a pensare a un'alternativa (ad esempio, scendere un paio di passi e provare più a sinistra, spostarmi verso destra per cercare un'altra via, o altre possibilità non prive di incognite). «Tira su i piedi senza paura. Anche se da lì non puoi vederlo, un metro più su, a sinistra, c'è un ottimo buco.» La voce proveniva da sopra di me, a sinistra, da un altro scalatore che saliva facilmente lungo una via più lontana. Gli diedi retta e smisi di respirare mentre il mio corpo si teneva alla parete solo con le dita dei piedi e le mani si slanciavano verso l'alto, sperando di trovare – e trovando – il buco che mi era stato suggerito. Continuai a scalare lungo un tratto più facile finché non raggiunsi lo scalatore, che si era fermato per guardarmi. Lo riconobbi pochi metri prima di arrivare da lui. Era tranquillo, si teneva solo con una mano e aveva l'altro braccio rilassato, come il tentacolo di un polpo che si sostiene fluttuando sul fondo del mare, come se il mondo verticale fosse stato l'ambiente per cui quelle membra, quei tentacoli, erano stati creati. Era un uomo agile e leggero, nonostante la sua altezza e la sua mole, evidente nelle braccia forti che avevano il diametro delle mie gambe, e su cui si intuivano facilmente delle grosse vene coperte da una fitta peluria scura. Sotto quella pelliccia, si vedeva un corpo snello, tonico, senza grasso, in cui ogni fibra, ogni osso, si delineava su una pelle screpolata e brunita. Ciò che più mi impressionava erano però le sue mani, mani normali, forse un po' gonfie a forza di sfregarle sulle rocce, ma proporzionate alla stazza, con dita grosse come salsicciotti, ruvide e con delle nocche forti: sembrava impossibile avessero lo spazio di stringersi a pugno in quelle mani normali. Ma quelle dita che parevano così maldestre, rigide e insensibili, ballavano con la roccia, si aggrappavano con forza o leggerezza a ogni rugosità e giocavano con la sensibilità della carezza di un neonato mentre percorrevano le pareti. Erano mani estranee a quel corpo, che non erano cresciute contemporaneamente alle gambe, alle braccia o al tronco, che erano nate e cresciute mentre le dita accarezzavano rocce diverse. Il viso, con la stessa pelle screpolata e scura sotto una barba di dieci giorni, era duro, forte e sereno al tempo stesso. Poco più in alto delle sopracciglia, si notava una leggera depressione dell'emisfero destro, infossato sicuramente per qualche storia sepolta sotto la neve di cime lontane.

«Thomas?»

Avevo visto Thomas sulle riviste francesi *Vertical* e *Montagnes Magazine* che giravano in casa quando ero piccolo. All'epoca ero abbagliato dalle foto dei concatenamenti di Christophe Profit e di Pierre Béghin, degli Ottomila di Erhard Loretan, delle scalate impossibili di Patrick Edlinger e delle rischiose aperture di Thomas sulle pareti dell'Himalaya e delle Ande. Me lo ricordavo con diverse rughe in meno e con cosciali dai colori molto più vivaci, però la faccia, l'espressione degli occhi e la struttura delle mani erano le stesse delle immagini sulle riviste. Anni prima avevo letto che era nato in Irlanda, sulla costa, e che si era appassionato subito all'arrampicata tradizionale inglese, alla ricerca delle linee e dell'arte dell'autoconservazione più che della pura difficoltà, e dopo alcune delle imprese più spettacolari di quegli anni – che avevano ispirato ai giornali locali titoli come «*Spiderman*», «*Perché usare una corda?*», fino a quelli più sensazionalistici come «*Scalare oggi: un tentato suicidio*» – si era stabilito sulle Alpi per fare della sua passione un mestiere. Era stato uno dei più giovani a ottenere il titolo di guida di alta montagna. Approfittava dei giorni in cui non aveva escursioni con i clienti per percorrere velocemente le vie classiche di tutte le vette che gli capitavano a tiro, o per aprire delle vie su pareti che dieci anni prima sembravano impossibili e che sarebbero diventate classiche negli anni Novanta. Persino ai giorni nostri, nominarle mette un po' di soggezione. A trent'anni aveva ottenuto i riconoscimenti e i premi più importanti a cui potesse aspirare e una notorietà che lo rendevano una specie di oracolo. Ma il suo spirito vittoriano lo spinse oltre; non si accontentò come i suoi colleghi di cordata e partì all'esplorazione, come avevano fatto per secoli i suoi antenati. Stavolta l'obiettivo non era una nuova colonia per l'impero della regina, bensì la conquista di pareti dal nome sconosciuto, che nessuno osava nemmeno pronunciare. L'esplorazione cominciava con mesi e mesi di ricerca, passati a studiare mappe e a individuare percorsi, a parlare con gli autoctoni per trovare il modo di raggiungere un'ignota parete di un'alta cima nelle valli indiane, tibetane, nepalesi o peruviane. Da lì iniziava un'altra esplorazione verso i sentieri di neve e roccia fino a quel momento mai battuti. E spesso, per intraprendere quelle avventure, l'unica compagnia che accettava quel delirio era la sua ombra. Nelle sue scalate, non molte ma di grande qualità, si fece una reputazione di uomo solitario, incurante del rischio e circondato da un'aura mistica, tanto ammirata quanto criticata. Anni prima avevo letto un'intervista in cui diceva che scalare quelle grandi pareti e uscirne vivo o morto dipendeva da una combinazione di tutti gli elementi e dagli astri più che da una mera capacità tecnica. La scalata era per lui un viaggio alla ricerca del Nirvana, il vuoto per trovare la felicità, che raggiungeva tra seracchi e muri di pietra scomposta. Un'altra volta avevo letto, ma non so più se fosse leggenda o realtà, che passava giorni interi ai piedi delle pareti che voleva scalare, mangiando lo stretto indispensabile e meditando; se dopo una settimana non erano cadute a seppellirlo valanghe, seracchi o pietre, trovava la pace necessaria per iniziare l'arrampicata. Questo lo sentii dire poco prima del suo incidente. Nessuno – be', nessun giornalista o mio conoscente – sa che cosa successe durante un'ascensione sulla Catena dell'Alaska, fatto sta che all'improvviso sparì dalla scena. Non si sentì più parlare di lui, e in poco tempo lo dimenticammo e lo sostituimmo con altri idoli come Tomaž Humar, Valerij Babanov, Ueli Steck o Denis Urubko. E adesso Thomas era davanti a me, e mi porgeva la sua grossa mano per aiutarmi a superare quel passaggio così difficile.

Quell'amicizia nacque come tutte le mie amicizie: facendo molte attività insieme durante i primi giorni, assimilando tutto ciò che potevo di quello che i suoi movimenti e le sue parole mi mostravano; andando a correre, a scalare, a fare *slacklining* – si tende una corda tra due alberi o tra due pareti rocciose e ci si cammina sopra mantenendosi in equilibrio

– o uscendo la sera. Osservando ogni movimento, riflettendo sul significato di ogni parola che pronunciava, indovinando (o immaginando) i suoi pensieri, per capire, dopo un po' di tempo, se poteva essere un buon amico o no. Nonostante avessi già deciso sin dalle prime cose fatte insieme, lo osservavo per cercare delle prove più che dei sentimenti, delle ragioni più che delle emozioni. Mi succede sempre che, dopo qualche giorno, settimana o mese di attività frenetica con qualcuno, l'amicizia vada come in standby. Ricominciano le gare, i viaggi, le sessioni fotografiche, gli allenamenti, gli impegni, i giorni di trenta ore e non mi basta il tempo, e le amicizie si allentano. Di amici ne ho sempre di più, persone che mi sono state temporaneamente vicine, che stimo e a cui voglio bene. Ma gli amici amici, quelli su cui posso contare nei momenti difficili e che mi possono dire «rilassati» o «sei matto» nei momenti sereni, li conto sulle dita di una mano. Non sono un tipo estroverso, anche se ho imparato a esserlo; non sono socievole, anche se ho imparato a esserlo; non mi piace stare sotto i riflettori, però ho imparato ad apprezzarne il calore. E, alla fine, anche il mio io dipende da quest'altra persona che sta bene in mezzo alla gente.

Questi pensieri si intercalavano tra le righe del libro che leggevo mentre l'aereo era ormai prossimo all'atterraggio... Quanti amici si sono allontanati da me o, per dirla meglio, da quanti amici mi sono allontanato io per poter avere più tempo per le *mie* cose? Gli amici di oggi saranno un ricordo del passato o tra qualche anno andremo ancora a cena insieme?

Un bip-bip mi scosse dai miei pensieri quando l'aereo stava per toccare la pista, e sentii il rimprovero delle hostess e dell'uomo seduto accanto a me. Bip-bip, fece di nuovo il mio cellulare mentre lo cercavo rovistando concitato nello zaino ai miei piedi. Dopo avere messo in fretta e furia in modalità silenziosa, aspettai di poter scendere per leggere il messaggio: «Ehi, giovanotto! Sei a Cham? Vuoi andare a bere qualcosa, stasera? Thomas».

Lasciai le valigie ancora piene di vestiti e scarpe sporche nel soggiorno di casa e andai direttamente a Chamonix. Era presto, erano da poco passate le otto di sera, quando arrivai in rue des Moulins. Era una sera fresca di fine estate; i pochi turisti rimasti in paese andavano a cena nei ristoranti che avevano le terrazze vuote. L'Arve scendeva tranquillo; l'estate, seppur piovosa, era stata lunga, e i ghiacciai avevano perso tutta la neve lasciando un fiumiciattolo a scorrere faticosamente in fondo al grande bacino, che nei giorni di primavera era percorso dal turbinio d'acqua bianca e grigia che veniva giù dai ghiacciai con l'energia di una mandria di giovani bufali. Il terreno era ancora umido per il temporale che, come ogni pomeriggio, si era abbattuto con forza poche ore prima. Non era stato abbastanza forte da spazzare via la polvere e la sporcizia del giorno e, mentre camminavo lungo il corso del fiume, sentivo l'odore del mare di una cittadina sulla Costa Brava, anche lassù, così lontano dall'acqua salata. I bar avevano appena aperto ed erano deserti, e speravano nel passaggio di qualche studente o giovane lavoratore – era venerdì – o di turisti disorientati per arrotondare un po' gli incassi dell'estate trascorsa, ma pensando ormai alla chiusura autunnale e al riposo dai frenetici ritmi estivi più che ad attirare nuovi clienti.

Thomas mi stava aspettando a un tavolo della terrazza del bar Up. Non mi vide arrivare; era immerso nella lettura di alcuni fogli spiegazzati che poi mise via quando mi sedetti davanti a lui. Ordinammo due birre e parlammo delle cose che avevamo fatto dall'ultima volta che ci eravamo visti. Entrarono un paio di gruppi di ragazzi del paese e una combriccola di inglesi che a quell'ora della sera facevano già fatica a stare in piedi. Fuori iniziava a fare freddo così ci spostammo dentro a bere l'ultima birra. Una band locale cominciava a preparare gli strumenti per interpretare cover di brani famosi del pop e rock anglosassone e qualche pezzo originale. Erano decisamente bravi e, dopo pochi minuti, il bar si trasformò in una sala da concerti improvvisata; altre persone nel frattempo erano arrivate seguendo la musica e il gruppo suonava con passione per la quarantina di avventori che formavano il pubblico di quella sera. Il cantante si muoveva freneticamente tra gli altri musicisti, bloccati dagli strumenti: il chitarrista, particolarmente su di giri, si lanciava in acrobatici assoli che lo lasciavano esausto; il bassista rimaneva fermo al suo posto, nascosto sotto una camicia nera, un cappello a cilindro e un paio di occhiali scuri; il batterista, dietro a tutti, se la spassava, elettrico, nel suo mondo, e sembrava che esistessero solamente lui, le sue casse e i suoi piatti, lontano dal pubblico e persino dal resto dei suoi compagni.

Finimmo l'ultima birra e, mentre uscivamo dal bar facendoci largo tra i clienti entusiasti, Thomas mi chiese quale ruolo, se fossi stato musicista, mi sarebbe piaciuto avere nel gruppo. «Io starei appoggiato alla parete, in fondo alla sala, vicino all'uscita, con una birra in mano; da lì osserverei attentamente i gesti dei musicisti sugli strumenti e i movimenti sul palco. E ascolterei quello che dice la gente. Mi piace osservare, ascoltare e, lontano da qui, fare il mio spettacolo, da solo, nel mio ambiente» risposi turbato, pensando, però, che ero sul palco già da tempo, e che ogni volta l'onda che mi trascinava mi impediva di scendere e, per un periodo, di essere quel primo io. «Anche se, a volte, ci piace essere ascoltati...»

L'indomani fui svegliato prima dell'alba da una telefonata di Thomas. Si sentiva che era eccitato; mentre la lingua gli spezzava le parole, mi disse che voleva parlare con me immediatamente. Mi vestii in fretta e andai fino al parcheggio in cui si fermava quando veniva a Chamonix. «Sono anni che ho un progetto in testa...» mi disse quasi senza salutarmi, mentre apriva la portiera del suo furgone di un rosso ormai sbiadito dal tempo, su cui da anni passava la vita viaggiando per le montagne d'Europa. «E ora ho le idee chiare.»

4
Tu

«Mi dici, per piacere, che strada devo prendere?»
«Dipende più che altro da dove vuoi andare» disse il Gatto.
«Non m'interessa tanto dove...» disse Alice.
«Allora una strada vale l'altra» disse il Gatto.

Lewis Carroll, *Alice nel paese delle meraviglie*

È in quel momento che ti ho conosciuto. Per l'imbarazzo, non avevo risposto a Thomas con un vero e proprio *no*, ma dentro di me non avevo ancora deciso se accettare la sua proposta e tuffarmi nel progetto. Alla fine sono partito per te, anche se certamente la conversazione con Thomas mi aveva ridato la vita e indicato un tunnel per scappare da questo mondo che mi aveva adottato fino a farmi suo; un mondo in cui mi ero fermato al punto più alto, anche se per me questo era equivalso a un crollo. Ma era il mondo che conoscevo e dominavo, ero padrone e motore delle mie azioni e ne potevo controllare senza alcuna fatica ogni minimo aspetto. Volevo fuggire, ma non osavo allontanarmi dalla comodità della competizione, delle vittorie e del prestigio. Per questo non ripresi più l'argomento con Thomas per settimane dopo la mia prima risposta: «Wow! Sono motivato al mille per cento! Ma ne riparleremo», che era un *sì*, che lasciava però aperta una porta per il *no*. Nelle settimane successive cercai l'eufemismo adatto per rifiutare: non ho tenuto conto degli impegni con gli sponsor, in questo periodo devo partecipare ai campionati del mondo, non faccio in tempo ad allenarmi per l'estate... Ma di dirgli *no*, non avevo il coraggio. Forse ho avuto antenati giapponesi in un oscuro passato, altrimenti non mi spiego perché, per paura di deludere la persona che ho di fronte negandole quello che mi chiede, ho bisogno di usare eufemismi o di rimuginare a lungo sulle parole per giungere, con una formula infiorettata, alla stessa conclusione: «No, non voglio». Viceversa, ed è quello che mi succede più spesso, mi lascio scappare un *sì* e faccio esattamente il contrario di quello che vorrei, per compiacere una persona che, in definitiva, neanche conosco, non mi è simpatica o con cui non ho nulla a che spartire. E pensare che invece apprezzo che mi si parli schiettamente e non mi piace perdere tempo in arzigogoli: dritto al sodo, pane al pane e vino al vino.

Hai mai considerato che il vocabolario di una lingua può determinare il modo di pensare e perfino di essere del popolo che la parla? I giapponesi non usano quasi mai la parola «*iie*», che vuol dire «no», ma ci girano intorno. Sono un popolo gentile con valori forti e radicati, ma dipendente e sottomesso. L'inglese è invece una lingua molto più diretta, basata su costruzioni decisamente più corte. Gli inglesi sono meno ancorati alle tradizioni e più pronti ai cambiamenti. Gli eschimesi vedono nel bianco un'infinità di sfumature, ognuna contraddistinta da un nome. Siamo quello che pensiamo, e pensiamo attraverso il linguaggio, e se il nostro linguaggio non contiene una parola, non è la parola a non esistere, ma il suo significato, invisibile ai nostri occhi. Non riesco a capire com'è possibile usare una stessa parola, «libertà», per esprimere quello che si prova uscendo di prigione, quello che sento mentre corro su una cresta tra i fiordi norvegesi o quando dico cosa penso senza paura delle conseguenze. Com'è possibile che esista solo la parola «amore» per esprimere quello che provo per i miei amici, per mia madre, per te, e si dica invece «revolver», «pistola», «doppietta», «fucile», «carabina», «schioppo», «automatica», «archibugio», «moschetto» o «mitra» per un'arma a percussione?

Dopotutto, se non ho detto *no* a Thomas è forse perché mi ero fatto convincere subito, vedendo la persona che è, una persona non attaccata alle parole, ma ai valori. Volevo essere come lui, che dice sempre ciò che pensa senza preoccuparsi di quello che pensano gli altri, e che fa quello che vuole senza imitare quello che fanno gli altri. Thomas era una persona ricca dei suoi ideali, molto simili ai miei, che era però più impegnato a vivere che a trasmettere. Io ero ancora un attivista. Ho lottato con le armi che avevo a disposizione per diffondere questi ideali, anche se a volte il mio comportamento mi ha portato molto lontano dalla mia ricerca e dai motivi che mi fanno amare questo sport: il silenzio, la solitudine, la possibilità di esprimermi nell'ombra. È stato lo sport a darmi notorietà e a permettermi così di farlo conoscere – a volte con successo, altre no – allargando sempre di più lo spazio in cui agire. Fin dove devono spingersi le mie azioni? Quando nasciamo non esiste soltanto quello che vedono i nostri occhi? Il nostro mondo si limita al bordo della culla, a nostra madre, nostro padre, un orso e un delfino di peluche, a poppare ogni quattro ore. Piano piano impariamo a conoscere la nostra famiglia, ci facciamo degli amici e vogliamo la loro felicità; scopriamo i boschi, con le rocce e gli animali che li popolano, e vogliamo che tutte le cose seguano il loro corso. Guardiamo intorno a noi questo cerchio sempre più grande che è la nostra vita, e vogliamo che ogni cosa al suo interno sia bella. La nostra vita è la vita di questo cerchio, finché il perimetro non si allontana da noi e cominciamo a prendere decisioni pensando alle persone che non conosciamo, di Paesi lontani, a boschi in cui non abbiamo mai messo e forse mai metteremo piede, e ai boschi e alle persone che conosceranno i nostri nipoti e pronipoti, perché ci sono anche loro nel nostro cerchio, un cerchio presente e futuro, e dentro di noi crediamo nel potere delle nostre piccole azioni. E va avanti così finché un giorno, impotenti davanti alla corrente che è molto più forte della nostra energia, ridiventiamo neonati. Chiudiamo il cerchio rendendoci conto che, nella nostra ostinazione a guardare ai suoi confini, ci siamo dimenticati di ciò che abbiamo più vicino e torniamo a quello che vedono i nostri occhi: la famiglia, gli amici, l'amore... per poi allontanarcene sempre di più, fino ad arrivare un'altra volta allo stesso punto, in un ciclo infinito che non riusciamo a spezzare.

Ora sono nel punto più lontano. Il cerchio è immenso, e, quando penso a fare qualcosa, penso lontano, troppo lontano per vedere quello che ho di più vicino: me stesso. Se non so chi sono, non posso amare ciò che mi è più vicino. Se non so quello che sono, non potevo amare te. Per questo sono fuggito.

Ma allora non lo sapevo; allora non sapevo che avrei finito per accettare la proposta di Thomas. Allora scappavo tutte le settimane, perché ogni viaggio, ogni gara a cui partecipavo e che mi permetteva di allontanarmi da casa era per me una fuga; gli impegni, l'agenda piena zeppa di viaggi/conferenze stampa/allenamenti/sessioni fotografiche/massaggi/riposo/interviste/gare/cene con la squadra/viaggi mi offrivano il sollievo di non dover prendere decisioni da solo, al di fuori di quelle legate alla gara. Dovevo fare solo ciò che sapevo fare molto bene, senza sentire sulle spalle il peso della libertà. Tante volte nella mia vita ero andato oltre il mio corpo e la mia mente, mi ero spinto fino al limite estremo in ciò che potevo controllare e mi ero costruito un'armatura solida e splendente per proteggermi e andare avanti in tutta sicurezza. Un'armatura indistruttibile, così robusta da non poterla scalfire nemmeno io dall'interno. Mi ero costruito una fortezza intorno e non conoscevo la persona che la abitava. Avevo vinto tutte le battaglie senza sapere per che cosa lottassi ed ero riuscito a conquistare un'immagine di ragazzo importante e indipendente, forte e sicuro, quando ciò di cui avevo veramente bisogno non era una fortezza, ma un nido. Per anni avevo speso tutte le mie energie per diventare quello che volevo, superare i miei idoli e suscitare l'invidia degli amici. Ero sempre al centro dell'attenzione, ero la stella che brillava sulla scena, ma quando tornavo a casa mi ritrovavo da solo e prendevo a pugni quell'armatura che mi bloccava, finché, stanco di tutti i colpi, mi osservavo dall'esterno e pensavo: «Ma cos'altro voglio?». «Guarda quello che hai ottenuto» mi dicevo. «Hai tutto quello che potevi desiderare e anche di più.» Ma niente poteva sostituire ciò di cui avevo bisogno.

Invece di lottare per cercare di ottenerlo, rinforzavo sempre di più l'armatura che mi imprigionava e approfittavo dell'onda che mi spingeva, credendo che i miei pensieri fossero dettati da una piccola crisi dovuta al fatto di non trovare motivazioni, di desiderare sempre ciò che non si ha. Fu per questo che ti notai quella sera al Dérapage, il bar-discoteca di Chamonix, dove andavo a tamponare il vuoto che sentivo dentro, ad affogare le mie notti nell'euforia dell'alcol e delle false conquiste che, grazie al mio nome, mi davano lunghe ore di sesso senza abbracci. Non potevo neanche dire di non essere felice: cos'altro avrei potuto desiderare? Mi guadagnavo da vivere con la mia passione, godevo dei riconoscimenti e della stima della gente, potevo dividere cene, notti e week-end con fidanzate di passaggio ed ero all'apice della mia carriera professionale e sportiva.

La tua comparsa ha mandato tutto all'aria. Mi sarebbe piaciuto conoscerti in un altro modo, sai? Ho calcolato le probabilità che avevamo di incontrarci in montagna, mentre scalavamo, correvamo o anche solo riposavamo su una cima: erano infinitamente di più che non quelle di conoscerci in discoteca. Io non frequentavo il locale da molto, mentre tu ci sei venuta solo quel giorno, per festeggiare il compleanno di quel tuo amico che credevo essere il tuo ragazzo. Era già un mese che frequentavi le montagne lì intorno... Com'era possibile che non ci fossimo incontrati prima? Mi sarebbe piaciuto conoscerti avvolta dall'odore della terra bagnata e dalla luce del sole che filtra attraverso le nuvole, e non circondati dal fumo, dalla puzza di sudore e di birra rovesciata per terra, dalla luce colorata della vecchia sfera stroboscopica del locale. Anche se, pensandoci bene, se ci fossimo incontrati in montagna, forse si sarebbe concluso tutto in un «Buongiorno!» e un sospiro nel vederti andar via.

Invece ci siamo conosciuti al bancone del bar, proprio nel momento in cui un gruppo suonava una versione maldestra e troppo veloce di *Le vent nous portera* dei Noir Désir. Forse per colpa dell'alcol hai riso troppo forte quando sono scappato via di corsa dal locale, convinto di beccarmi un pugno dal tuo amico dopo il bacio che ti avevo rubato davanti a lui. Sono rientrato poco dopo con una sicurezza che non pensavo di avere, forse perché avevo bevuto un po', e deciso a soddisfare la mia curiosità sono venuto da te, abbiamo ballato fino alla chiusura, parlato fra una risata e l'altra, riso fra una parola e l'altra, corso fino ad allontanarci dalle luci della città e abbiamo fatto l'amore.

E sei rimasta. Prima per qualche giorno, poi per settimane in cui abbiamo vissuto un amore quasi adolescenziale e innocente, finché, con l'arrivo dei primi freddi, finita l'alta stagione nella valle e con lei il tuo lavoro, hai ripreso a ritroso la strada che ti aveva portato a Chamonix in primavera e hai attraversato le Alpi per tornare nel tuo Paese. Nelle otto settimane successive alla tua partenza, mi sono reso conto di quanto mi mancassi. Le lettere e i messaggi, che in genere si diradano fino a tacere al termine dell'estate, non si sono fermati. In quelle otto settimane ho provato a dimenticarti, concentrandomi sulla routine degli allenamenti, le gare, i viaggi e le interviste. Otto settimane in cui ho creduto che il mio orgoglio fosse più forte del mio desiderio. Ma le concessioni per l'amore dovrebbero essere superiori a quelle per i soldi, l'ego o il successo, a volte perfino a quelle per i valori. Nello sport ho visto corridori disposti a doparsi per una vittoria non capire che la loro famiglia se ne andava di casa; ho visto persone disposte a raggiungere un ottomila con l'ossigeno e le corde fisse, per arrivare in cima cercando la simbiosi con la natura, non accorgersi della sporcizia che si lasciavano dietro negli accampamenti; ho visto persone arricchirsi pensando al futuro dei propri figli non trovare neanche un momento per giocare con loro. Le concessioni che siamo disposti a fare svelano l'importanza che diamo a una cosa.

L'ho capito otto settimane dopo, quando mi hai aperto la porta di casa e mi hai mostrato i tesori nascosti sotto le pietre bianche del Monte Tricorno e fra i boschi rigogliosi di Jesenice; quando, con lo sguardo acceso nei tuoi occhi grigio-azzurri, mi hai raccontato le fiabe di fate e streghe, i segreti delle guerre e gli aneddoti dei pastori che hanno scritto la storia delle montagne del nord della Slovenia; quando, senza volerlo, mi hai raccontato la tua storia. Ti ho conosciuto mentre eravamo accampati sulle rive del lago Bohinj o del lago del Predil, mi sono innamorato di te nei pomeriggi di pioggia mentre guardavamo dal portico di casa le acque del Belca trascinare via le gocce cadute, zuppi di sudore e di pioggia per una scalata mattutina sul tuo Monte Tricorno o sullo Stenar, o per una corsa nel bosco, senza riuscire a raggiungere la porta per l'urgenza delle mie labbra sul tuo collo e delle mie mani sui tuoi fianchi. In quei giorni per me il tempo si è fermato, le ore, i secondi hanno perso il loro significato.

Dopo settimane di giochi di seduzione, è arrivato l'amore e il resto non ha più avuto senso.

Tecnicamente ero riuscito a diventare uno dei migliori corridori. Correndo sui pendii, riuscivo a prevedere ogni movimento sui terreni più difficili senza mai cadere. Credo sia stato il timore di cadere a farmi progredire tanto, a farmi sviluppare tutte le risorse necessarie per raggiungere un'elevata velocità e un controllo totale. Ho sempre avuto paura di non poter essere padrone di quello che può accadere dopo aver sentito il mio corpo fluttuare nell'aria e lasciarsi portare. Ho sempre avuto paura di perdere, non tanto le gare o gli oggetti, ma di sentire il dolore di strapparmi o farmi strappare una parte di me o una cosa che amo. Per questo non avevo mai amato, per paura. E in quei giorni stavo cadendo, senza corda, senza neanche provare ad aggrapparmi a qualcosa che mi trattenesse. Avrei assaporato la caduta, lentamente, eternamente, con la consapevolezza – non so da dove mi venisse – che stavolta non mi sarei fatto male all'impatto, si sarebbe assorbito con gli anni per adagiarmi su un comodo cuscino.

Temevo però anche che questa caduta potesse interrompersi all'improvviso, bruscamente, e che alla fine mi attendesse non la morbida accoglienza che credevo, ma un pozzo profondo. Ed è stata questa paura di amarti a farmi capire che non sapevo chi ero, quali erano i miei pilastri, le mie basi, quali erano le colonne che dovevo mantenere salde, quelle che avrei trovato nello stesso posto quando fossi sceso dalla cima. Ero salito fino al punto più alto in tante cose della vita, senza sapere cosa mi aspettasse in basso. Mi ero costruito un attico sicuro e confortevole, ma avevo dimenticato cosa lo reggesse e cosa avrei trovato fuori, scendendo; perché prima o poi dalle cime bisogna scendere, da tutte le cime, ed è la cosa più difficile, poiché ritroviamo quello che abbiamo lasciato salendo. E se siamo saliti con l'unico obiettivo di raggiungere la vetta, al ritorno non troveremo nulla. Mi sentivo di nuovo vuoto, disorientato, mi chiedevo cosa avessi seminato fino a quel momento, e addirittura se avessi davvero seminato qualcosa.

Il giorno in cui abbiamo scalato la cima del Monte Tricorno, ho chiamato Thomas per dirgli di sì, che quell'inverno saremmo andati sul Gosainthan. Ma a te sono riuscito a dirlo solo qualche settimana dopo. Ancora per paura, ancora per questa mia mania di non saper dire *no*. Non volevo spezzare la magia in cui eravamo immersi, ma dovevo partire. Ogni viaggio è sempre una fuga; per me si trattava di scoprire le colonne che danno stabilità e senso alla mia vita. La montagna era una passione autentica? O solo quello che sapevo fare da sempre? L'amore che provavo per te era un amore vero o solo un'altra fuga... dalla solitudine? La competizione era uno spazio in cui poter dare tutto me stesso o un modo per sentirmi riconosciuto? Era mia, la mia vita? Da un vuoto nasce sempre il bisogno di costruire un futuro in cui vedersi realizzati, ma se lo costruivo su basi sbagliate? Fuggire era il modo per cercare le risposte a queste domande. La distanza è una barriera inventata dall'uomo, ma, in realtà, è uno spazio per rincontrarsi quando si intraprende un lungo viaggio.

«Parto» ti ho detto due settimane dopo. «Quando torni?» mi hai chiesto, e io non ho saputo cosa rispondere.

Ti ho parlato della proposta di Thomas e ti sei subito dimostrata entusiasta e disponibile ad aiutarmi a organizzare il viaggio, a prepararmi, a provare il materiale, perfino a fare lo zaino l'ultimo giorno, senza essere certa che al ritorno ti avrei cercato, senza essere certo che mi avresti aspettato.

Non mi hai mai chiesto perché partivo, ma nei tuoi occhi grigio-azzurri, che a volte diventavano blu e altre verdi, ho letto questa domanda fino al giorno della partenza. Ma non avrei saputo cosa rispondere. Quell'ultima notte d'amore è stata piena di malinconia. E tra il sonno e la veglia mi hai sussurrato, mentre all'alba mi alzavo silenzioso dal letto per andare all'aeroporto: «Non sei mai triste dopo che hai realizzato un sogno?».

5
Katmandu

Mi piace disegnare; è come fare una fotografia, però si può nascondere ciò che è brutto.

Mentre sono ancora mezzo addormentato e ho le gambe gonfie per il viaggio in aereo da Ginevra, comprensivo di un lungo scalo nella lussuosa Doha, arriviamo a Katmandu con il sole alto nel cielo, imperioso. L'aeroporto, stracolmo di gente, è una pentola a pressione. Mi tolgo il giubbotto e ho voglia di togliermi persino la maglietta per l'afa di questa sala con le pareti di cemento spoglio e il pavimento grigio, in cui turisti disorientati vagano in cerca di documenti e di una macchinetta per farsi la fototessera necessaria per il visto, mentre giovani nepalesi approfittano della situazione per aiutare gli stranieri in cambio di mance generose. Dopo un'ora abbondante di coda per ottenere il visto, con il sottofondo delle voci dei poliziotti che chiamano i turisti chiedendo i documenti mancanti e i soldi da pagare, arriva il nostro turno alla dogana: fototessera, richiesta di visto e passaporto.

«*How many days visa?*» "Per quanti giorni il visto?" ci chiede un agente che suda sotto un soprabito di velluto blu scuro.

«*Ninety days.*» "Novanta giorni."

«*Hundred dollars, hundred dollars.*» "Cento dollari."

Diamo due banconote da cento al poliziotto con la gabardina blu per ottenere la libertà, uscire da quella calca e andare finalmente a respirare un po' d'aria fresca. Fresca? Macché. Il caldo per strada mi lascia ancora più esterrefatto: è un caldo afoso, giallo, polveroso. Sembra impossibile che sia metà febbraio. Dalla neve e dal tempo grigio e bianco dell'Europa, sbarchiamo direttamente in un clima tropicale che ci travolge con la sua vita agitata e frenetica, su strade di terra battuta affollate di persone e di veicoli che seguono le leggi del caos.

Prendiamo un autobus che ci porta al centro della città, e che fa salire e scendere la gente senza neanche fermarsi. Dopo pochi minuti di spinte e viavai raggiungiamo gli uffici del Ministero del Turismo, per richiedere i permessi di trekking. Per quelle che dovevano essere semplici formalità burocratiche, ci ritroviamo a passare un'intera giornata a fotocopiare documenti, a farci foto in vari formati, a spiegare di continuo a ogni persona dell'amministrazione il motivo per cui non abbiamo una guida o non siamo con un'agenzia di trekking, e alla fine paghiamo le duemila rupie per il TIMS, il certificato da *trekker*, e le tremila per il permesso di ingresso al parco nazionale del Langtang; in totale una cinquantina di euro. Quando usciamo dagli uffici per l'ultima volta, si è ormai quasi fatta sera e le vie della città sono invase da una nuvola di polvere rossastra. Sudati per il caldo appiccicoso e stanchi per la giornata logorante trascorsa avanti e indietro tra le strade della città e gli uffici del Ministero, decidiamo di riposarci un po' dal rumore esterno bevendo qualcosa in un bar del Thamel, la zona turistica di Katmandu. Girando per vicoli e viali, scartiamo alcuni locali per la confusione che si intuisce al loro interno, finché non entriamo in un bar del centro, lontano però dal chiasso della strada: il New Orleans Café. Fuggiamo dalle vie principali attraverso un minuscolo vicolo che ci allontana dal baccano dei motori delle macchine e dei clacson incessanti, dagli schiamazzi della gente che discute e dai venditori ambulanti che inseguono senza tregua i turisti in tutte le direzioni per offrirgli capi di abbigliamento o statuette di legno o metallo che finiranno per perdersi sulle mensole di una casa di Londra o Barcellona. Nel locale scarsamente illuminato il ricco ma non eccessivo arredo tradizionale e le grandi fotografie di personaggi famosi della cultura tibetana appese ai muri di mattoni rossi a vista creano un'atmosfera chill out che si fa ancora più evidente quando un trio di percussioni, chitarra spagnola e voce, una voce roca e profonda, inizia a suonare sul fondo.

Non appena varchiamo la soglia, Thomas riconosce un uomo curvo su una birra al bancone. «Sasha!» grida affettuosamente, e l'altro, senza scomporsi, gira la testa allungando il collo con un'espressione diffidente che scompare in fretta quando riconosce il mio amico. Si alza muovendo con lentezza quel corpo lungo e magro e i due si abbracciano brevemente e in maniera maldestra per via di quel gesto troppo affettuoso. Io sono ancora all'ingresso del locale e, mentre Thomas chiacchiera amichevolmente spiegando ciò che siamo venuti a fare, osservo quell'uomo alto, con i capelli corti e la barba grigia, quasi bianca, dello stesso colore dei suoi piccoli occhi, che, nascosti sotto le sopracciglia e dietro un paio di sottili occhiali rotondi senza montatura, restituiscono uno sguardo penetrante. Le braccia abbandonate lungo il corpo e le spalle piegate in avanti gli danno un aspetto stanco, quasi di struggimento.

«Ragazzo, ti presento Alexandr» mi dice Thomas quando lo raggiungo. Da vicino, il viso serio e gli occhi grigi dell'uomo gli conferiscono un'aria carismatica, non so ancora se più maestosa o più pericolosa, ad ogni modo l'aria di qualcuno che ha vissuto e che è padrone del suo mondo.

«Ciao» mi dice secco, scrutandomi con quei piccoli occhi grigi e provocandomi una fitta lungo la schiena.

Per fortuna, Thomas riprende subito la conversazione e l'uomo mi toglie di dosso quello sguardo.

«A proposito, Alexandr, cosa ci fai qui? Sei con dei clienti o...?»

«Sono partiti ieri. Abbiamo fatto trekking nella valle dell'Everest.»

«Ancora l'Everest? Quante volte ci sei stato negli ultimi anni?»

«La gente vuole solo questo. La prossima settimana arriva un altro gruppo per fare trekking sull'Annapurna» risponde l'altro con gli occhi spenti, senza nessun entusiasmo nella voce. «Tu ci sei stato l'anno scorso, vero?»

«Non esagerare! In qualche modo dobbiamo guadagnarci da vivere! Sì, ci sono stato in autunno, e nella valle posteriore dell'Annapurna ho visto delle cime praticamente vergini.

Ci sono certe pareti da quelle parti... Ho visto solo una foto in un libro di una spedizione inglese nel sud dell'Annapurna, di... Venables, mi sembra.»

«Di Chris Bonington» lo corregge subito Alexandr.

«Sì, la spedizione di Chris. Be', è favoloso! Ce ne sono di cose da fare! Un anno bisognerà andarci, laggiù!»

Passiamo una serata piacevole; Thomas racconta aneddoti emozionanti delle numerose spedizioni in cui ha incontrato l'uomo dagli occhi grigi e ha condiviso con lui alcuni tratti. Alexandr sembra contento di ascoltare e ricordare le avventure e le disavventure in silenzio; a volte pare distante dalla conversazione e apre la bocca solo per chiarire o precisare qualche dato – l'altitudine, il giorno – e per schermirsi da lusinghe per azioni che si potrebbero facilmente considerare eroiche. Quando la mia mente si rilassa nei momenti cruciali delle sue avventure, provo una strana sensazione, un misto di paura pensando a ciò che mi aspetta, di orgoglio sapendo che anch'io avrò delle storie come le sue da raccontare, e di ammirazione per queste due persone sedute davanti a me: Thomas, che dietro le sue parole racconta sogni come se ne leggono solo nei libri, e Alexandr, un uomo fatto di silenzi che nascondono molta vita, e a volte sembrano volerne celare persino troppa.

«Perché non vieni con noi?» dice Thomas all'improvviso.

L'uomo dagli occhi piccoli fissa il tavolo, mentre gioca con un portacenere vuoto. Dopo alcuni lunghi secondi alza gli occhi su di me, anche se credo che abbia lo sguardo perso in un punto all'altra estremità del cortile.

«Mmm... L'idea mi tenta; fammici pensare un po'. Quando partite?»

«Dopodomani mattina! Su, dài, che sarà incredibile; d'inverno può essere impressionante!»

«Mmm... Ve lo dirò domani mattina; di queste cose bisogna parlarne con il cuscino. Dove dormite?»

«Al Millennium Guest House. Dài, ti aspettiamo domani!»

«E i clienti?» chiedo, credendo che le birre gli abbiano fatto dimenticare questo piccolo particolare. «Ti hanno già pagato un sacco di soldi e arrivano la prossima settimana.»

«Guarda, ragazzo, preferisco buttar via soldi per guadagnare tempo piuttosto che buttar via tempo per guadagnare soldi, ma lo capirai da te» risponde il russo, e aggiunge: «Se vogliono fare trekking, credo di poter trovare un'altra guida che li porti a spasso».

«Allora, a domani» dice Thomas soddisfatto.

«Non lo so ancora... Alle cose bisogna pensarci...»

Torniamo all'hotel nel buio delle vie prive di illuminazione pubblica del Thamel, schivando le pozzanghere e le buche della strada all'ultimo momento non appena la luce intermittente delle macchine e delle moto che passano nei vicoli, o quella riflessa dalle finestre delle case, ci avvisa delle trappole. Stanco, mi addormento subito nel letto della modesta camera che ci costa cinque euro a notte.

La scomodità del materasso troppo morbido in cui sono sprofondato mi fa alzare presto. Mentre scendo alla reception per comprare un po' d'acqua e dei dolci per fare colazione, vedo l'uomo dagli occhi grigi seduto su uno dei divani neri di pelle consunta della piccola sala all'ingresso. Nelle sue mani dalle dita lunghe e rugose ha un grosso libro con la copertina gialla. Alza la testa e mi vede.

«Buongiorno.»

«Buongiorno! Ti sei deciso alla fine?»

«Sì.»

Un silenzio imbarazzante si insedia tra di noi, mentre la città comincia a svegliarsi fuori dalle porte aperte del motel.

«Staremo meglio lassù che nello stress di Katmandu!» esclamo per rompere il silenzio.

L'uomo dagli occhi grigi muove la testa su e giù.

«E tu, perché vieni?» dice guardandomi negli occhi dopo alcuni secondi.

«Per scoprire cose nuove. Non sono mai stato su queste montagne. Voglio cercare nuove sfide, faccio agonismo e...»

«Lo so già.»

«Ma cerco nuovi traguardi, nuovi progetti, sai? Ho bisogno di altre prove per dare una spinta alla mia motivazione.»

«Guarda, qui di competizione non ce n'è. Qui non troverai il successo; la montagna non è un posto da eroi» replica senza veleno, con una voce calma e sincera. «Nel vero alpinismo la gloria non esiste.»

Non cercavo la gloria andando sulle montagne; scappavo piuttosto dal successo. Che ero venuto a fare in Nepal, cosa cercavo? Perché avevo accettato la proposta di Thomas? Sebbene sapessi chiaramente che era una fuga dagli ammiratori, e che le mie fughe erano sempre state dettate dalla voglia di conoscermi da nuovi punti di vista e mettermi alla prova in nuovi ambienti, forse Alexandr in parte aveva ragione, perché in fondo mi immaginavo anche il sorriso delle persone a cui volevo bene al mio ritorno. Cercavo l'ammirazione di mio padre, mai ottenuta nelle gare; volevo dimostrare a mia madre di essere capace di eccellere in altri campi; cercavo la stima delle persone vicine. Cerco di creare un eroe per essere accettato, ma gli eroi non esistono, siamo solamente noi vigliacchi a nascondere le nostre debolezze. E nascondere le debolezze ci fa essere in debito. Tutte le cose, tutti i problemi che si devono raccontare sono piccoli all'inizio, ma appartengo a una razza che ha imparato a essere autonoma e indipendente – troppo – e a ingoiare le proprie paure, le proprie rabbie e i propri dolori. Ciò che avremmo dovuto dire e non abbiamo detto alle persone a cui volevamo bene è cresciuto con il passare dei giorni, perché il silenzio non fa scomparire i problemi, li amplifica. Ero – sono – in debito con parecchie persone, e ho sempre trovato il modo di scappare da loro. L'alcol e la scalata in solitaria sono stati la mia scappatoia dal senso di colpa per la morte di Stéphane, oltre che dal panico di essere idolatrato dalla gente. E quel viaggio, come tutti i viaggi, era un'altra fuga. Forse il proposito era sbagliato. Forse era solo un'altra scappatoia. Forse dovevo approfittarne per trasformarla in una via di ritorno.

Tra questi pensieri che mi aiutano a rendere meno imbarazzante il silenzio, scende Thomas ancora mezzo addormentato.

«Fantastico, Alexandr! Ero sicuro che saresti venuto; sono contento che tu abbia deciso di accompagnarci. Ci divertiremo.»

«Sì, ora possiamo andare! Be', prima devo comprare cibo e gas.»

«Anche noi. Deve bastare per una decina di giorni; durante l'avvicinamento, nei *lodge* troveremo di tutto. Abbiamo bisogno di cibo solo per l'attacco finale.»

Usiamo la mattinata per andare al supermercato. Patiremo la fame. Compriamo una dozzina di pacchetti di biscotti Oreo, una ventina di bustine di *noodle* cinesi, una confezione di tè, bustine di caffè, latte e zucchero liofilizzati e ci permettiamo il lusso di portare con noi un paio di scatolette di tonno e due tavolette di cioccolata. I carbogel e le barrette energetiche li abbiamo portati da casa. Mentre camminiamo tra gli scaffali pieni di alimenti, non posso fare a meno di prendere dei barattoli di frutta secca, cioccolata e biscotti, che poi, pensando al peso dello zaino, rimetto a posto con un sospiro. Perché non ci sono scaffali lassù?

«Ma ci basterà?» chiedo, temendo di soffrire la fame.

«Ci dovrà bastare; se vuoi altro, dovrai portarlo tu» dice Thomas con un sorriso a trentadue denti.

«Ma qui non si va con gli sherpa che trasportano le cose da mangiare?»

«Perché dobbiamo andare con gli sherpa se possiamo portarlo noi?»

«Però bisogna anche dare qualche cosa a questo Paese, no? Per aiutarli... »

«Mia nonna diceva che non capiva perché andavamo a fare la spesa al supermercato se avevamo un bell'orto. Io andavo al supermercato perché pensavo di guadagnare tempo... Poi l'orto è andato in malora e oggi che il tempo non mi manca, mi mancano cose buone da mangiare.»

«Cosa vuoi dire con questo?»

«Oggi ci insegnano che non dobbiamo fare una cosa da soli se altri la possono fare per noi. Paghiamo e abbiamo subito quello che ci serve, ma le cose che compriamo non vengono da noi. Se facciamo alpinismo è perché vogliamo essere noi a scalare la vetta! Quindi, ragazzo, o patisci la fame o ti becchi il mal di schiena!»

Dopo aver preparato tutto ciò che porteremo in montagna, ci prendiamo il pomeriggio per riposare. Ne approfitto per fare una passeggiata nel Thamel e per mangiare tutto ciò che posso prima di partire, ma ben presto torno al motel, stanco per il viavai e il trambusto di questa caotica città. In camera sono tranquillo, una piccola finestra è l'unico collegamento con l'esterno, un cortiletto interno con qualche albero e i panni stesi dei vicini. Si sentono solo il lieve rumore di qualche macchina lontana, il frinire dei grilli nel cortile... Il rumore del silenzio. Devo ammazzare il tempo; devo occupare il silenzio con i pensieri. In realtà, la mia vita è tutta scandita dai silenzi: il silenzio fragoroso della prima vittoria; il silenzio di quello sguardo quando capii di essere innamorato; il silenzio della montagna al tramonto; il silenzio angosciante della morte di un amico e, da alcuni giorni, il silenzio doloroso di un addio. Ci sono silenzi che vorremmo prolungare all'infinito, e altri che non possiamo rompere nemmeno a martellate, perché il silenzio è come uno specchio che, senza spiegazioni, fronzoli o eufemismi, ci restituisce l'immagine di noi stessi, nudi, eroi, traditori, afflitti...

Bussano e mi sveglio all'improvviso da un sonno profondo.

«Andiamo» bisbiglia Thomas socchiudendo la porta.

6
In viaggio verso le montagne

Per quanto percorriamo il mondo alla ricerca della bellezza,
non la troveremo mai se non la portiamo con noi.
Louis Audobert

È ancora buio quando usciamo dalla città a bordo di un vecchio pullman, un Tata indiano scolorito che anni fa doveva essere bianco, con serigrafie e disegni dai colori vivaci. Non si può dire che sia una raffinata opera di ingegneria. Il progettista non si è certo spaccato la testa per disegnarlo: è un parallelepipedo con quattro ruote.

Dopo un'ora di attesa per strada davanti al pullman, che consuma carburante mentre l'autista chiacchiera con i venditori ambulanti intenti a montare le loro bancarelle intorno all'improvvisata stazione degli autobus, e i passeggeri scendono e salgono invadendo il corridoio centrale con le loro cose e caricando bagagli di ogni tipo sopra il tettuccio – valigie, sacchi di panni e cassette di legno con roba da mangiare, materassi, e perfino una dozzina di galline che in pochi secondi si impossessa delle ultime file di sedili –, il conducente, finito di chiacchierare, annuncia la partenza con ripetuti colpi di clacson e finalmente saliamo sul parallelepipedo grigio. Ci apriamo un varco nella ressa; è molto peggio che dentro la metro! Non resta un centimetro libero a terra o sui sedili, la gente si ammassa fra le cassette e i sacchi. Dobbiamo aspettare un bel po' prima che il pullman si metta in marcia per davvero e prenda velocità, fra i colpi di clacson e le porte ancora aperte per accogliere gli ultimi passeggeri che salgono di corsa.

Attraversare la città diventa un'impresa degna del miglior Pierce Brosnan. Tracciando fantasiosi ghirigori fra le macchine, gli autobus e le biciclette che vanno in tutte le direzioni, fra scarti di sterzo e colpi di clacson, l'autista, guidando a tutta birra, riesce a evitare un incidente. E gli altri veicoli non sono da meno! Credo sia l'audacia a prevenire gli incidenti su queste strade; qualsiasi cittadino europeo, sterzando all'ultimo momento, andrebbe a sbattere contro le macchine a fianco innescando un effetto domino. Mi viene da pensare che gli scontri non siano rari qui, ma non seri, vista l'esigua potenza delle macchine. A guardare bene, infatti, non c'è un'auto in tutta la città che non abbia graffi o ammaccature sulla carrozzeria.

Il pullman non si ferma mai, sebbene la gente salga e scenda in continuazione: rallenta solo quel tanto che basta perché i passeggeri possano saltare senza farsi male. Si ferma soltanto una volta per far raccogliere un sacco di riso volato giù dal tettuccio sulla strada piena di buche. Finalmente riusciamo a uscire dalla città e il traffico comincia a diminuire, anche se la velocità resta inalterata, persino quando attraversiamo i villaggi nei dieci chilometri di strada verso nord che separano la capitale da Nayapati. Il viaggio non è silenzioso; la radio trasmette un misto di successi occidentali techno e di musica di Bollywood. C'è chi canta andando dietro alle canzoni e chi fa su e giù per il corridoio per chiacchierare con amici o sconosciuti. Due uomini di circa trent'anni, seduti accanto a me, scherzano fra di loro, si stuzzicano, si tirano i capelli. Altri cercano di dormire con la testa appoggiata sulla spalla di un estraneo. Tutti ridono e sorridono. Forse non hanno dimenticato il bambino che c'è in loro? O forse non si vergognano a fare quello che vogliono in mezzo a degli sconosciuti?

Nayapati è un villaggio vicino al fiume Sundarijal, non lontano dalla capitale, e, come tutti i paesi della zona, si è sviluppato in modo disordinato inerpicandosi sui due versanti della valle. Distribuite sui due lati della strada, le case sono mezzo costruite, mezzo distrutte. Cemento, foratini e ferro non riescono a nascondersi dietro alle tante bandiere di preghiera bianche, gialle, verdi e rosse stese a mo' di tetto tra le finestre dei due lati della carreggiata. Dalla strada, per metà terra e per metà asfalto, si sollevano nubi di polvere ogni volta che un autobus o una macchina passa a tutta velocità, spostando allo stesso tempo verso i bordi la sporcizia che si accumula al centro. Dai negozi e dai *lodge* arriva un profumo dolce e intenso, che si mischia agli odori di umanità, di carburante bruciato, di umidità persistente e di polvere. Le porte delle case sono aperte e la gente si gode il bel tempo all'esterno, per strada. Un gruppo di bambini torna da scuola; i più grandi portano i più piccoli sulla schiena, correndo e saltando fra le pietre che aspettano sul marciapiede di diventare il muro di una casa. Alcuni operai prendono un tè poco più in là con un gruppo di giovani madri che, incuranti, lasciano i figli liberi di scappare verso il fiume, a poco meno di un chilometro di distanza, e di scomparire dalla loro vista seguendo degli adolescenti che provano a far funzionare una moto attraverso gli acquitrini e i campi di fango che si estendono oltre il corso d'acqua. I vecchi siedono in silenzio sulle scale delle case osservando con un mezzo sorriso il viavai costante degli autobus che arrivano e ripartono, scaricando gente che trasporta sacchi di cibo e si mette a chiacchierare con chi incontra per strada, senza preoccuparsi di liberarsi del peso, e caricando ragazzi che, all'ultimo momento, li raggiungono di corsa e saltano dentro per andare in città.

Tutti ci guardano sorpresi, mentre attraversiamo la strada con gli zaini e le nostre strane antenne, gli sci. Dei bambini si mettono a correre accanto a noi, saltando per toccare queste lunghe tavole di legno colorato con gli scarponi gialli fosforescenti appesi. Anche per noi è strano camminare con una temperatura di trenta gradi, fra piante tropicali e gente che fa il bagno nel fiume, con l'idea di raggiungere la neve, non solo per vederla ma anche per sciare. Per adesso le montagne dal profilo arrotondato che vediamo davanti a noi sono gialle e verdi, per la polvere e l'erba. Ma siamo ancora lontani dalla meta, e i nostri occhi non riescono a scorgere quello che si nasconde dietro le prime cime, dove la foschia sfuma tutti i contorni.

Lasciamo il centro del villaggio e cominciamo a salire per un sentiero che ci porta fra case sempre più rade, allontanandoci dal rumore e dalla sovrappopolazione della pianura.

Ci inoltriamo fra i boschi e i campi alla periferia della città, incontrando villaggi costruiti fra le montagne, nelle quali gli uomini hanno intagliato enormi gradoni trasformati in terrazze per coltivare il riso. Ci sembra di stare dentro a una mappa di curve di livello in 3D. Ogni volta che attraversiamo un villaggio i bambini ci seguono fra risate e grida, additando gli sci. Man mano che saliamo, ci lasciamo dietro le zone coltivate per inoltrarci in una terra meno popolata, con grandi boschi di rododendri giganti e altri alberi da fiore: i tipici arbusti di fiori rossi che ci arrivano alle ginocchia sulle nostre montagne qui sono alberi di oltre quindici metri, con fiori dai colori intensi e grandi come palloni da calcio! Ah, che bello un Paese dove, dal cielo, si vedono solo le macchie rosse, gialle, bianche e rosa che vestono i boschi; che bello un Paese dove i fiori sono più alti dei grattacieli.

L'odore intenso di orchidee e di aghi di pino che si alza dal sottobosco è l'unica nostra compagnia, mentre proseguiamo il cammino, sempre in salita, sempre verso nord, in un silenzio rotto solo dal nostro respiro e dal rumore delle scarpe sul terreno. Procediamo senza parlare, come fossimo tre estranei, o come tre persone che si conoscono troppo bene per avere bisogno di parole. Ognuno al suo passo, ognuno immerso nelle sue inquietudini e nei suoi sogni, ognuno assorto in ricordi da rivivere o da creare. È difficile trovare l'equilibrio fra un passato che mi dice chi ero, un futuro che mi mostra chi voglio essere e un presente che mi fa sentire chi sono. Del passato non mi posso fidare un granché, visto che io stesso nascondo in un recesso della memoria ciò che non voglio essere e ingigantisco le speranze di quello che avrei voluto essere. Il futuro mi illumina, mi indica il cammino che voglio seguire, l'io utopico che voglio diventare un domani; ma il futuro, se mi abbaglia, mi impedisce anche di vedere i passi che sto compiendo, di percepire ciò che sente ora la mia pelle. Andiamo componendo il puzzle della nostra vita, di ieri e di domani, con i ricordi, i sogni, pezzo per pezzo, e se c'è un vuoto, lo colmiamo con la fantasia, perché non sappiamo vivere in un puzzle incompleto. Procediamo, in definitiva, fra un passato che ci siamo costruiti e inventati e un futuro che ci immaginiamo, cercando di sentire la terra sotto i nostri piedi oggi, fin quando non comincia a calare la sera, che dietro di noi tinge il cielo di un rosso intenso. Mi fermo al primo *lodge* che incontro e mi metto ad aspettare i miei amici, in compagnia del sapore intenso di una tazza di tè *masala*.

Fra una tazza di tè e l'altra, la mia mente divaga verso pensieri lontani, cercando il cemento con cui colmare i vuoti della mia coscienza. Perché abbiamo bisogno di essere completi per essere felici? Perché abbiamo bisogno di riempire tutto quello che non sappiamo, né mai sapremo, con ipotesi, supposizioni e piccole grandi scoperte che ci fanno credere di poter mettere insieme le tessere di questo enorme puzzle che è la vita. Perché abbiamo bisogno di riunire noi stessi, il nostro mondo, i nostri rapporti e il mondo esterno in un unico pezzo compatto, dove ogni effetto ha la sua causa, dove ogni vuoto ha il suo elemento che lo riempie. Oggi sembra che la felicità sia sapere tutto, padroneggiare ogni campo e chiudere tutti i cerchi della nostra vita. Ma nella storia dell'uomo, nella storia della Terra, pochi sono i cerchi che si sono chiusi davvero.

Mentre spremo la bustina di tè con il cucchiaino per far uscire le ultime gocce dal sapore di zenzero e limone, mi sale un sorriso alle labbra. Proprio davanti a me, sullo sfondo del sole al tramonto, si staglia contro il cielo la figura di un uomo seduto su un masso, con il torso nudo e le gambe incrociate. È magrissimo, sui sessant'anni, con una lunga barba castana che dalla base del naso aquilino gli scende giù fino al petto. In testa ha un turbante arancione, che gli nasconde i capelli. Compie grandi movimenti con il petto, forti inspirazioni e lunghe espirazioni tenendo le mani alzate. È uno yogi che sta facendo esercizi di yoga. Sorrido perché mi fa tornare in mente una conversazione con un sikh che ho conosciuto un paio di anni fa, a Capodanno, in un rifugio di montagna che assomiglia a quello che mi sta offrendo riparo oggi, ma su altre montagne, lontano da qui. Passata mezzanotte, quando l'ebbrezza cominciava a farsi sentire, mi ero avvicinato per chiedergli che cavolo stesse combinando seduto su un tavolo con le braccia sollevate e i pollici rivolti al cielo, a inspirare così forte che il rumore si sentiva dalla sala da pranzo; gli dissi anche che, se voleva, potevo suggerirgli degli esercizi più efficaci per smaltire la sbornia. Ma non si trattava di un modo per riprendersi. L'uomo cominciò a spiegarmi i principi della tecnica di respirazione yoga, il metodo creato dai suoi maestri spirituali per concentrarsi e rilassarsi, e trovare la condizione corporea ideale per lasciare la mente libera di cercare l'obiettivo della persona, lo scopo della vita. Contro l'idea di una vita spesa nel tentativo di riempire tutti i vuoti, il sikh era convinto che la felicità assoluta si trovasse nel Nirvana, la condizione che si raggiunge con la liberazione, la *mokṣa*, che letteralmente vuol dire "spegnere", come un fuoco che si consuma quando non resta più legna da bruciare. È allora che si trovano la pace e la felicità assolute, quando, attraverso un processo che ci porta a conoscere noi stessi, ci stacchiamo da tutto e i desideri si estinguono, conducendoci a un vuoto libero e luminoso.

Posso anche sentirmi attratto da questa idea da un punto di vista filosofico, ma non voglio vivere una vita senza sentire; senza sentire, la vita non può avere ragione d'essere. Perché siamo capaci di innamorarci, se non dobbiamo amare? Perché siamo capaci di sognare, se non dobbiamo lottare per realizzare i nostri sogni? Ora sono completamente convinto che essere felici è sentire. I fili della felicità sono intessuti di emozioni, e, soprattutto, di sentimenti. E, per tesserli, dobbiamo soffrire, fare sforzi e sbagliare e, alla fine, sentire la felicità in ogni ricerca.

Sono al terzo tè quando i miei compagni arrivano e, ancor prima di togliersi lo zaino, ordinano la loro prima tazza. Dopo qualche minuto di riposo, guardiamo sulla mappa la strada che abbiamo percorso: siamo a un terzo del tragitto per arrivare all'ultimo villaggio. Dovremo portarci questo peso sulle spalle ancora per due giorni! I sentieri sono piacevoli e il ritmo sostenibile, ma ho già voglia di sciare. Com'è facile a casa! Esco dalla porta con gli sci ai piedi o, altrimenti, bastano poche ore di macchina e una funivia per ritrovarmi sulla neve. Qui, invece, la prima sciata ce la saremo proprio meritata! Per adesso, ci siamo meritati la cena: *dal bhat*, uno squisito piatto di riso e lenticchie, con patate e verdure al curry, accompagnato da un tipo di pane tibetano simile al *chapati*, ma più spesso. Un tè *masala* aiuta a far passare la voglia di dessert, e ce ne andiamo a dormire di buon'ora. Non è difficile addormentarsi, dopo la lunga giornata di sole cocente e di caldo logorante.

Il mattino si leva fresco nei folti boschi di rododendri giganti, che spariscono man mano che saliamo insieme alle pinete. Andando via dal *lodge*, incontriamo un gruppo di portatori che scende dalla montagna; sono contenti, con i sacchi vuoti legati alla testa, e si fermano al nostro passaggio, sorpresi di vedere gli sci attaccati allo zaino. Alcuni li riconoscono dalle riviste per sciatori europee e americane e due di loro hanno anche avuto occasione di vedere degli sciatori nella valle del Langtang, ma mai così a bassa quota. Cogliamo la palla al balzo per chiedere se presto potremo toglierli dallo zaino.

«*Namasté*! Sì, c'è molta neve, molta; la settimana scorsa ne è venuta giù tanta così» dice uno, portando la mano all'altezza delle ginocchia. «Potrete sciare presto, da Helambu o anche prima.»

Riconoscenti per le informazioni che ci forniscono con il sorriso sulle labbra (non so se siamo più contenti per aver saputo che qui a febbraio si può sciare, o per il fatto che presto potremo liberarci dal peso extra degli scarponi e degli sci), proseguiamo con il passo leggero, volando sui sentieri, sempre in salita, ma con una pendenza che ci permette di accennare una corsa. Dopo un po' io e Thomas ci ritroviamo soli davanti e la curiosità ha la meglio sul pudore, così approfitto dell'occasione per scoprire qualcosa di più sul suo taciturno amico russo.

«L'altro ieri Alexandr mi ha chiesto perché venivo quassù... Non lo so, non l'ha detto in modo aggressivo, ma era come se non mi volesse su queste montagne; come... come se non fossi ben accetto.»

«Alexandr ha detto questo? È strano. Gli fa piacere vedere gente nuova che si interessa a questo tipo di attività. Ho scalato un paio di volte con lui; forse è un po' asciutto e diretto, ma dice quello che pensa senza filtri. A volte può far male, ma io lo preferisco.»

«Sì, anche a me piace quando la gente mi parla con schiettezza, però quando mi ha chiesto cosa venivo a fare qui, ho sentito come se non fossi il benvenuto.»

«E che gli hai risposto?»

«Che non lo sapevo. Forse per cambiare, per cercare nuovi stimoli, per fuggire dalla competizione. Lo sai, ne abbiamo già parlato.»

«Sì, ad Alexandr non piace la competizione. Viene da un Paese e da un'epoca in cui la persona non esisteva come tale, dove era solo una parte del gruppo, della società, dove l'io individuale era sempre subordinato a quello collettivo, cosa che su queste montagne è quasi sempre la migliore garanzia di successo. In Russia, l'alpinismo era un gioco di squadra, un'attività militare, e così erano le spedizioni a cui Alexandr ha partecipato nel Caucaso e nel Pamir. È scappato dalle grandi individualità e dal loro ego, dagli ambienti che frequentava a Mosca e, quando è riuscito a raggiungere l'Himalaya dopo averlo sognato per molti anni, si è trovato di fronte le individualità e gli ego da cui voleva fuggire. Quegli uomini erano eroi nei loro Paesi, anche se avevano compiuto imprese molto meno interessanti di quelle di Alexandr e del suo gruppo; ma tutto quello che succede qui è talmente lontano dall'Occidente, che distorcerlo è molto facile. E la gente crede a quello che le si dice. Viviamo nel mondo della parola; chi parla meglio vince, e chi sa convincere e scrive la storia con i suoi discorsi diventa un eroe. Penso che ti abbia visto come uno di quelli lì.»

«Sì, mi ha parlato di eroi. In parte non ha tutti i torti, sono qui perché ho seguito il mio ego. Se ho iniziato a gareggiare e poi sono venuto qui è per dimostrare a me stesso e agli amici di cosa sono capace...»

«Tutti abbiamo bisogno di coccolare il nostro ego; il problema nasce se ciò che fai è finalizzato solo a quello. Senti, anche Alexandr cercava di dimostrare a se stesso di cosa era capace, ma fuggiva dal concetto di "eroe": è un titolo che ti danno gli altri, non è che te lo dai da solo. E quando ha cominciato a fare cose importanti, ad aprire nuove vie, a fare ripetizioni uniche, la gente ha iniziato a interessarsi a lui. Hanno cominciato a proporgli spedizioni internazionali, marchi e sponsor lo hanno contattato perché volevano la sua immagine. Ma lui non voleva parlare di quello che faceva.

Tornava a casa e non si sapeva cosa avesse fatto in mesi di spedizione, e lui non diceva niente a nessuno. E siccome il nostro è il mondo della parola, se tu non ne parli, è come se quella cosa non esistesse. Dato che Alexandr non parlava mai delle sue imprese, era come se non le avesse mai compiute, e così hanno cominciato a considerarlo un codardo.»

«Ma allora, cosa cercava lui venendo sull'Himalaya?»

«Cercava la bellezza, la difficoltà e il modo di superarla; cercava un riconoscimento interiore, la soddisfazione che gli davano le sue ascensioni, che per lui erano opere d'arte. Ha sempre considerato le ascensioni come delle opere d'arte.»

«È difficile da credere in un mondo come quello di oggi, in cui ognuno è il marchio di se stesso e ogni azione è compiuta pensando più all'esterno che all'interno. Quanta forza ci vuole per mandare a quel paese tutto ciò che sta fuori di noi e per concentrarsi su quello che è davvero importante...»

«Non è così semplice come sembra... Alexandr è andato via di casa molto presto, a diciassette anni. Viene da una famiglia dell'aristocrazia moscovita, credo si occupassero di musica o qualcosa del genere; erano intellettualoidi piuttosto conosciuti nell'élite di Mosca e lui era la pecora nera. Alexandr è più un animale di terra che un topo da biblioteca, con tutto che ha avuto un'educazione eccelsa. Ma era stufo degli occhi puntati addosso dagli amici di famiglia, delle aspettative e dei progetti che avevano su di lui i suoi genitori, i professori e gli amici. Per questo, non appena è stato abbastanza grande, è scappato verso il sud, nel Caucaso credo, per poter vivere a contatto con la terra. Lì ha cominciato a scalare. Ma quello da cui fuggiva, lo ha ritrovato poi sulla roccia.»

«Sì, tutti scappiamo prima o poi; è l'unico modo per risolvere problemi come questi.»

«Non è l'unico modo, ma siamo troppo orgogliosi, troppo, per permettere a qualcuno di aiutarci.»

«Be', oggi la gente non solo si lascia aiutare, ma dipende completamente dall'aiuto degli altri.»

«Non so cosa sia meglio. I problemi sono come palle di neve che rotolano giù: man mano che scendono aumentano di volume, e a quel punto fermarle diventa più difficile e fa più male.»

«Ma se li risolviamo da soli, i problemi, diventiamo più forti. È così che cresciamo, no? Quando cadiamo, cadiamo e cadiamo, ci ritroviamo col sedere per terra, ma alla fine è da lì che ricominciamo.»

«Mah, forse sì. Gli uomini imparano solo a forza di bastonate; e, se non ce le diamo da soli, sarà il tempo a bastonarci più forte... Ma vedrai quando diventerai padre! Quanto soffrirai se i tuoi figli saranno come te!»

«I miei genitori per esempio non sanno mai quando sono in difficoltà; o non glielo dico o gli dico un'altra cosa. Occhio non vede...»

«Lo sanno eccome, invece. I silenzi parlano; anzi no, non parlano, ma fanno più male delle parole, perché l'immaginazione è molto più dolorosa della realtà. L'immaginazione non ha limiti, ti dà ali o ti consuma, è infinita, non come la realtà, che non va al di là della realtà stessa. Tu credi che loro non abbiano fatto come noi? Sveglia, ragazzo! L'uomo, come ti dicevo, impara a forza di bastonate, ma le lezioni non si trasmettono con i geni, le bastonate ce le dobbiamo beccare tutti: nonni, padri e figli.»

Dopo un momento di silenzio, Thomas aggiunge: «Ma non tutti i viaggi devono essere delle fughe. Con gli anni, scoprendo nuovi posti, ho imparato a scoprire me stesso, a imparare e a crescere. Non è più una fuga, ma un cammino di crescita. Forse è l'unico modo che conosciamo per vivere. C'è chi non ha bisogno di andare così lontano per trovare se stesso, ma noi alpinisti, penso, siamo un manipolo di incapaci e di disadattati che hanno bisogno della distanza e del confronto diretto con le proprie paure per trovare se stessi».

«*Namasté*!» Un gruppo di portatori che scende senza carico interrompe la nostra conversazione.

«*Namasté*. Scusate, sapete se c'è tanta neve su? A partire da Helambu?»

«Tanta, tanta neve» dice uno dei portatori più giovani. «Ieri affondavamo fino a qui» si porta la mano alla vita «per arrivare a Helambu. Molto difficile camminare!»

«Sarà fantastico!» commento quando ci lasciamo i portatori alle spalle. «Potremo cominciare a sciare da là; domani ci mettiamo gli sci!»

Imboccando una salita più ripida, la conversazione si spegne in favore della respirazione, che richiede maggiore attenzione, ora; il ritmo è sostenibile, ma le ore di cammino e l'altezza cominciano a farsi sentire. Ci siamo lasciati dietro i rododendri giganti e adesso il sentiero sale più scosceso fra pendii di terra e pini. Mentre sono perso nei miei pensieri in questo paesaggio, davvero bello, o almeno bucolico, e monotono, fra gli alberi si apre una piccola radura che mi permette finalmente di vedere il cielo. Un cielo bianco che brucia gli occhi; è metà pomeriggio e mi sorprende che il sole sia ancora così alto, quasi a picco sulla mia testa; devo distogliere lo sguardo per non ferirmi gli occhi e mi concentro sulla mia ombra, per terra, davanti a me. Rialzo il capo piano piano per far abituare gli occhi all'intenso bagliore, e quella macchia splendente nel cielo diventa uno specchio di neve e ghiaccio che da molto, molto in alto, trasporta la luce del sole in fondo alle valli. Ho un brivido.

Le dimensioni della montagna che si staglia fra gli alberi sono smisurate; milioni di tonnellate di roccia coperti da migliaia di tonnellate di neve e ghiaccio si ergono dalle valli profonde dove mi trovo ora, formando i pilastri e le basi per le snelle e affilate figure delle cime e delle creste, che troneggiano nel cielo come divine guardiane delle terre e dei villaggi che si estendono ai loro piedi. Immutabili, impenetrabili, indistruttibili, eterne.

«È l'immagine dell'eternità!» dico a Thomas, che mi ha sorpreso a bocca aperta nella radura.

«Eh già! Benvenuto nell'Himalaya! È grande, è enorme, e per noi uomini è eterna.» E, dopo una pausa per riprendere fiato, aggiunge: «La terra che ora è sotto i nostri piedi una volta era la roccia che stava sulla cima a contatto con il cielo. Tutto è ciclico, anche le vette più alte nascono e muoiono un giorno, anche se noi – non io, né tu, né i nostri figli o nipoti ma noi esseri umani – non lo vedremo mai. Il tempo umano è troppo breve per le pietre, ma pure loro ne hanno uno. È fisica».

Continuiamo a salire in silenzio, concentrandoci sul respiro e sugli odori che ci circondano. I villaggi, sempre più rari, si fanno meno occidentalizzati e i fabbricati di mattoni e cemento cedono il posto a costruzioni di terra e sassi. Invece delle ampie strade, si vedono sentieri lastricati che collegano gruppi disordinati di case; al posto delle magliette di cotone stampato, maglioni di lana colorati; anziché sacchetti di patatine e bibite in lattina, ci sono formaggio di yak e *chapati*. Per terra, ai piedi delle case, non si vede più sporcizia ma erba e terra. A poco a poco ci lasciamo alle spalle un'occidentalizzazione mal assimilata (all'inizio pensavo fossero i turisti occidentali a buttare immondizia per terra, invece sono i nepalesi. Ma come pretendiamo che siano puliti se gli abbiamo portato cibo in confezioni di plastica, e nessun sistema per riciclare? E perché provo questo fastidio se l'era umana, come diceva Thomas, è destinata a scomparire e a cedere il posto ad altre ere?) e ci addentriamo in un Paese che, per quanto aspro e sperduto, conserva ancora i sapori di un tempo antico. Fuori dal bosco, il sentiero si inerpica per verdi prati e boschi di arbusti bassi fra grandi torrenti che scendono dai versanti della valle formando vaste pietraie. A questa altitudine, dopo due giorni di cammino a un ritmo di cinquanta chilometri al giorno per sentieri scoscesi, diventano sempre più numerosi i muri di preghiera che dividono il sentiero in due vie: una in salita e l'altra in discesa. Ricordo di aver letto in un fumetto di Tintin (*Tintin in Tibet*, se non sbaglio) che bisogna procedere tenendosi alla sinistra dei muri di preghiera. Ci sono chilometri e chilometri di muri fatti di pietre tagliate a mano con orazioni incise sopra a colpi di martello, che i portatori più anziani, che superiamo mentre saliamo, recitano a bassa voce, in un bisbiglio costante, come il fruscio del vento e del fiume, che si fonde nel paesaggio, un "*om mani padme hum*" che, con il passare del tempo, svanisce dalle rocce come le voci degli anziani una generazione dopo l'altra.

Ai margini del sentiero appare qualche chiazza di neve fresca, già mezza sciolta dalla calura. Sul versante nord della valle si comincia a vedere la neve, che aumenta fino a coprire quasi completamente il paesaggio. Ne incontriamo sempre di più sul nostro cammino, anche se non ci arriva alla vita o alle ginocchia, ma ai lati del sentiero una buona ventina di centimetri copre pietre e arbusti. Arriviamo finalmente all'ultimo villaggio del fondovalle: quattro *lodge* di pietra, una stalla con qualche yak, e un negozio che vende snack e bibite tra cappelli e sciarpe di lana di yak. Siamo a più di quattromila metri di altitudine, circondati da giganti di cui sentiamo più forte la presenza via via che procediamo, e con la luce ormai bassa del tardo pomeriggio varchiamo la porta dell'ultimo *lodge* del villaggio, una costruzione in pietra a secco con il tetto in lamiera tinteggiato di blu. L'interno è diviso in due parti; a destra della porta di ingresso, una grande cucina con una stufa a legna centrale dove ci sono una decina di persone, e una piccola sala da pranzo con due tavoli. A sinistra, quattro porte danno accesso alle camere, piccole, con due materassi su una tavola di legno e una finestrella sul fondo. Lasciamo gli zaini nella stanza e andiamo a sederci in sala da pranzo per cenare prima che faccia buio. Mangiamo di nuovo *dal bhat*, e vuotiamo per due volte i piatti di metallo pieni di riso e lenticchie. Siamo in compagnia di due portatori di Katmandu, riconoscibili dai loro visi più allungati e rossi. Salendo, ci siamo lasciati alle spalle la terra dei Tamang per addentrarci nella regione dei lama e degli sherpa, e abbiamo cominciato a vedere occhi più stretti e volti più rotondi e meno rossicci, anche più rugosi, non per l'etnia, ma per il sole e gli inverni che a questa altitudine cuociono la pelle.

Di notte fa freddo. Nella sala da pranzo, il caldo della stufa a legna svanisce in un batter d'occhio non appena si spengono gli ultimi tizzoni, e le camere del *lodge* sono lontane dalla cucina. I vestiti che sono entrati in contatto con il sudore durante il giorno, di notte si incartapecoriscono se non li metto dentro al sacco a pelo. Al mattino, infilarsi le scarpe e i vestiti gelidi è una tortura.

Facciamo colazione con un tè *masala* che ci riscalda un po' e ci dividiamo in silenzio qualche *chapati* addolcito con il miele. Rifacciamo lo zaino, stavolta senza il peso degli sci e degli scarponi, e ci lasciamo dietro il verde e il marrone per addentrarci in un universo completamente bianco, sciando sulla neve ghiacciata e lottando contro il freddo senza dire una parola.

Per nostra fortuna, la giornata è tersa; non c'è l'ombra di una nuvola e nel giro di poco appaiono i primi raggi di sole che cominciano a riscaldarci le mani, poi il viso e infine, quasi un'ora più tardi, i piedi. È bellissimo poter sgranchire il corpo, i muscoli, senza temere che la pelle entri in contatto con una parte più fredda del giubbotto o dei pantaloni. Che bello sentire la pelle tesa per il gelo distendersi e diventare più elastica!

C'è tanta neve fresca, tanta. Ieri, al nostro arrivo, non abbiamo preso sul serio i portatori pensando che stessero esagerando, e invece durante la notte ne è caduto quasi un metro. A ogni passo affondo fino alle ginocchia, anche se ho gli sci ai piedi! Senza sarebbe impossibile procedere. La salita è lunga e l'altitudine comincia a farsi sentire. Dopo essere arrivati dall'altra parte della valle, cominciamo a inerpicarci per un folto bosco su un declivio in forte pendenza. Il fitto fogliame di *Betula utilis*, che in primavera tinge di verde il paesaggio nascondendo fra i rami bassi e frondosi una corteccia bianca sottile come carta velina, protegge dal sole la neve fredda e profonda, che ci fa scivolare all'indietro a ogni passo e mi costringe ad aggrapparmi ai primi rami degli alberi per poter continuare a salire in questo labirinto di legno e acqua ghiacciata. Siamo partiti da più di un'ora e abbiamo fatto solo trecento metri di dislivello! Se proseguiamo di questo passo, non arriveremo a destinazione entro sera.

Con una mano afferro un ramo, che si flette, e con l'altra conficco la racchetta in profondità nella neve; salgo a piccoli passi con gli sci finché non mi aiuto con un altro ramo per evitare di scivolare di nuovo; faccio un paio di passi di traverso sotto un albero, mi aggrappo un'altra volta ai rami e mi dò una spinta. A fatica, ma grazie al Cielo, quasi non ci crediamo, alla fine usciamo da questo bosco maledetto, che è al tempo stesso magico e bellissimo nella sua spoglia veste invernale.

Una volta fuori, senza la protezione che ci offrono gli alberi, il sole diventa un termoconvettore di potenza nucleare. Sembra incredibile: poche ore fa ci stavamo congelando, e muovevamo in continuazione le dita dei piedi negli scarponi per ritrovare la sensibilità, e adesso daremmo qualsiasi cosa per un po' d'ombra. Con l'altitudine, il sole picchia forte e sento la pelle del viso che si secca e si screpola. Cerco la crema solare nello zaino, ma non la trovo, forse l'ho lasciata nel motel di Katmandu. Merda! Se non faccio qualcosa, da qui a un paio di giorni sembrerò un lebbroso. Mi metto una sciarpa tubolare che mi copre tutto il viso tranne gli occhi, protetti dagli occhiali. Il caldo comincia a essere insopportabile, più insopportabile che nella Death Valley, ma questo non è il deserto: siamo a cinquemila metri di altitudine! Mi tolgo il giubbotto e resto a maniche corte. Per patire meno il caldo, ogni tanto mi faccio sciogliere un po' di neve fra i capelli. Vorrei potermi spogliare di più, ma per la pelle sarebbe un suicidio. Che caldo! Cosa darei ora per un po' del freddo di stamattina! Vogliamo sempre, immancabilmente, quello che non abbiamo, andiamo sempre avanti per riprenderci quello che una volta avevamo e odiavamo.

La neve è molto profonda e con il sole inizia a trasformarsi, diventando sempre più pesante; a volte affondo fino alla vita. Procediamo dandoci il cambio per aprire la traccia:

vado avanti io finché non sono stanco, poi tocca a Thomas e, quando anche lui è sfinito, Alexandr prende il suo posto. E qui vengono fuori i problemi dei mesi di allenamenti e gare... Perché sono così in forma? Potrei stancarmi prima e godermi il fatto di poter stare dietro un po' di più. È così comodo rimanere dietro, a un ritmo che ti permette di ammirare il paesaggio e di non affaticarti, mentre qualcun altro apre la traccia... Ma non è giusto accomodarsi nell'agio di seguire una strada già pronta. Se a ogni cambio non diamo tutto, finché, spossati, non siamo costretti a fermarci per far arrivare ossigeno alle gambe, non potremo mai raggiungere il nostro obiettivo, che nell'immediato è il valico sopra le nostre teste, l'ultima frontiera da superare prima dell'ultimo villaggio del Nepal, a metà strada con il confine cinese, arroccato fra le montagne dell'Himalaya: Kyanjin Gumba. Non rassegnarsi e sopportare la sofferenza è l'unico modo per andare avanti in queste condizioni. Ma prima o poi, comunque, lo sfinimento arriva, più poi che prima, e mi godo questi pochi minuti di piacere, mentre riprendo fiato e un compagno apre la traccia. Mi tolgo un po' di roba di dosso, bevo un sorso d'acqua o mi sfrego la nuca con un po' di neve e, con la traccia libera e piana, quasi come quelle delle competizioni, che sembrano ormai lontane, avanzo velocemente fino a rimettermi in testa, sentendo la sinergia fra il mio corpo e l'ambiente circostante. Le membra, i muscoli, si godono il piacere di ritrovare le sensazioni dei giorni di allenamento e delle gare più belle, scivolando leggeri sulla neve, forti e agili insieme. Quanto mi piace osservare il modo in cui lavora ogni muscolo del corpo, ogni articolazione! Il modo in cui l'aria entra dalla bocca, riempiendo i polmoni, che poi mandano in circolo l'ossigeno necessario a realizzare il movimento che il mio cervello mi chiede. E il paesaggio intorno a me... che paesaggio! Questa sì che è aria; e non intendo quella fatta di nitrogeno, ossigeno e vapore acqueo che serve per muovere i muscoli, ma l'aria che serve per far muovere gli occhi, i sogni, la gioia. Da qualsiasi parte si guardi si vedono cime e pareti innevate, vergini e senza nome, che sembrano figure extraterrestri tanto appaiono irreali; pale di neve e gole che vorrei solcare e crinali che sarebbe un sogno risalire. Sono consapevole che il novanta per cento di quello che i miei occhi desiderano resterà inesaudito, ma quest'aria mi spinge a continuare per raggiungere il restante dieci per cento. La contemplazione di questo incredibilmente smisurato paesaggio di montagne coperte di neve mi dà vita, perché, nel guardarlo, mi fa sognare linee, ascensioni e discese, momenti con i miei compagni, notti in tenda, cime dove tornare un'altra volta con degli amici o con te. È nella contemplazione che nascono i sogni, ed è per questo che potrei stare ore e ore a guardare queste montagne, seduto qui sulla falda innevata di questa salita interminabile o mentre seguo lentamente la traccia aperta dai miei compagni; potrei passare ore a osservarle fino all'istante in cui riesca a vedere chiaro, a trovare la mia linea, la mia cima o semplicemente la ragione della bellezza inaccessibile. Ed è per questo che supero con slancio i miei compagni e mi rimetto in testa al gruppo.

Sbuchiamo in un grande pianoro qualche centinaio di metri sotto il valico che dobbiamo attraversare, e, sfiniti, ci sediamo sugli zaini per riposarci e mangiare una barretta energetica. Siamo giù di forze e di morale. Saliamo da più di sei ore e ne abbiamo ancora per un bel po'; con la neve dura, saremmo arrivati già da un pezzo dall'altra parte e a quest'ora ci staremmo gustando questo sole bevendo una buona tazza di tè! Il valico che dobbiamo oltrepassare non sembra molto lontano, ma prima c'è da attraversare questo vasto pianoro. D'estate, fra pochi mesi, me lo immagino come un'immensa prateria con rivoli d'acqua ed erba fresca, oppure come una distesa di grandi massi di roccia, forse con un ampio lago al centro, in questa piccola depressione. O forse è un ghiacciaio; siamo quasi a seimila metri, potrebbe essere la lingua di un ghiacciaio con morene di roccia e sabbia nera ai lati. L'inverno nasconde tutto. Ti ricordi di quella volta che, mentre viaggiavamo verso casa tua, abbiamo fatto una deviazione per salire su quella cima delle Dolomiti? Come si chiamava... non mi ricordo, era dalle parti del Brenta. Ricordavo di esserci passato l'inverno precedente, per una corsa di sci; paesaggio maestoso, pareti bianche e dorate esposte ai venti, e canali di neve che ti portavano dolcemente e direttamente sulla cima. Con questo scenario in mente, ho insistito per fare una piccola deviazione dalla nostra rotta per la Slovenia, per salire su quella cima. Era autunno, prima del tempo delle nevicate. Quello che ricordavo essere un paesaggio di dolci pendii di neve, spogliato del manto invernale si rivelò un caos di rocce, un campo di pietre che rotolavano in tutte le direzioni, pareti minerali che si stagliavano in verticale fino al cielo, massi calcarei che cadevano da tutte le parti fino a dove cercavamo di salire: un suicidio. Per fare quello che avevo fatto d'inverno sulla neve in quattro ore, ci è voluto un giorno intero, finché non è sceso il buio e abbiamo abbandonato l'idea di conquistare la cima. È incredibile come la neve trasformi ogni cosa: la sua coltre bianca rende tutto più dolce, nasconde i pericoli e ne crea di nuovi, nasconde una bellezza e ne crea un'altra. Ci fa dimenticare che, sotto ogni montagna, sotto ogni valle bianca, si celano una montagna e una valle completamente diverse.

Alexandr si alza subito dopo aver mangiato la barretta ai cereali e, senza neanche darsi il tempo di riprendere fiato, si rimette ad aprire la traccia. Io e Thomas riposiamo un altro po' mentre Alexandr si allontana pianissimo, nello sforzo di aprire un varco nella neve che gli arriva alle ginocchia. Voglio rimettermi in piedi e andarlo ad aiutare, ma non ho ancora recuperato le forze; a dire il vero, si è impossessato di me un torpore che mi schiaccia a terra più del peso della neve fresca sopra gli sci. Alla fine, quando credo di aver ritrovato l'energia sufficiente per rendermi utile, mi rimetto lo zaino in spalla e comincio a seguire il sentiero scavato da Alexandr. Ogni bel gioco dura poco: con la traccia aperta non mi ci vuole molto a raggiungere Alexandr e quindi a dargli il cambio. Così è più faticoso avanzare, e ancora di più se devi farti strada in questa neve pesante e profonda. Procediamo fra le grandi fessure e morene formate dal ghiacciaio (adesso so che, d'estate, il pianoro è un ghiacciaio nella sua parte alta) fino ad arrivare ai piedi del valico. Ci restano solo trecento metri! Ma non sono uno scherzo. Ogni passo è una lotta per vincere la pesantezza della neve, e le gambe sembrano non voler più rispondere. Il sole continua a non darci tregua, ora a picco sul pendio che stiamo risalendo, e cominciano a venire giù piccole slavine; come ruscelli che sfociano in un lago, scendono piano, ma con la quantità di neve bagnata che portano con sé, possono facilmente trascinarci a valle e seppellirci finché la primavera non libererà la nostra tomba. La cosa positiva è che, nel punto in cui si sono staccate le slavine, la neve è meno abbondante ed è quindi più facile procedere. Accelero il passo, e, non senza difficoltà, ma sicuramente con meno fatica di prima, raggiungo il tanto agognato valico. Uno stretto passaggio di neve ci dà il benvenuto nel mezzo di una catena rocciosa che si estende sui due lati, simile al dorso di un cavallo che corre fra due valli profonde, migliaia di metri più in basso. Scalo gli ultimi metri, poi mi siedo comodamente su una roccia della cresta per aspettare i miei compagni. Espirando a fondo mi libero della fatica della salita, poi inspiro, ancora più profondamente, per far entrare nel mio corpo l'aria fresca e nuova, per rinascere. Mi dà un senso di liberazione sapere che la spessa coltre di neve in cui ho aperto la traccia, la stanchezza delle gambe che sono salite fino a seimila metri e il corpo che si disintegra sotto questo sole bollente fanno ormai parte del passato, e contemplo con sguardo fresco il paesaggio che i miei occhi abbracciano per la prima volta. Sotto i miei piedi, duemila metri più in basso, in fondo alla valle, vedo Kyanjin Gumba, che sarà la nostra casa per le prossime settimane. Mi appare come un pugno di dadi colorati fra la neve e l'erba. Dietro il villaggio, a destra, si estende una valle profonda, con grandi distese circondate da cime aguzze con pareti vertiginose di ghiaccio e roccia che si elevano fino a settemila metri, prima di scomparire più avanti, verso destra, alle spalle dei suoi muraglioni. Per i prossimi giorni sarà questa la nostra strada; questa valle incastonata fra le cime sarà la via che ci porterà verso i nostri sogni. E, al di sopra di tutto, colossale, oltre ogni misura conosciuta, custode del suo giardino, come una divinità, l'imponente parete del Gosainthan si presenta ai miei occhi e mi fa dimenticare tutto quello che ho visto finora. Così vicino e così lontano, il Gosainthan, in tibetano Shisha Pangma, la "cresta sulla pianura erbosa". Finora non capivo come si potesse considerare questo caos di cime aguzze e valli profonde una "pianura erbosa", finché non abbiamo visto davanti a noi il nostro obiettivo. La sua parete sud forma un ventaglio di roccia e neve che scende dal cielo fino alla "pianura". La prima impressione è un misto di meraviglia e inquietudine. La maestosità di duemila metri di roccia nera tagliata da tre sottili strisce di neve che arrivano fino al cielo, sopra gli ottomila metri, mi lascia senza fiato. Per la prima volta, posso vedere con i miei occhi quello che ho visto centinaia di volte su mappe e fotografie, sognando di arrivare in cima e di scendere con gli sci per una di queste tre strisce bianche. Quante volte ho studiato le inclinazioni di ogni parete, le condizioni in ogni stagione, la storia di ogni ascensione... Tutto ciò che conosco alla perfezione dopo settimane di studio ora diventa reale, lo posso toccare con mano e, nella sua realtà, diventa bello e pericoloso. A partire da questo momento la realtà spazza via sogni e speculazioni. Restano la paura e il desiderio. La sicurezza che si prova a distanza sfuma davanti alla realtà, adesso così vicina e così lontana. Perché i sogni si allontanano man mano che si fanno più vicini, quando la sconfitta o la vittoria cominciano a diventare possibilità.

Resto a lungo in contemplazione, con un occhio che ammira e l'altro che osserva, senza accorgermi che i miei compagni mi hanno raggiunto e sono seduti accanto a me, a guardare anche loro verso nord. La cima ci ha offuscato il resto; il sogno del futuro ci ha offuscato il presente. E che presente! Guardo sotto i miei piedi: quasi a strapiombo sotto di me vedo uno stretto corridoio di neve che scende per duemila metri verso valle e si getta nel fiume. Il mio cervello, annebbiato dalla contemplazione, ricomincia a funzionare e a fare collegamenti con la velocità consueta: duemila metri, versante nord, neve farinosa, *molta* neve farinosa, in pendenza, in *forte* pendenza! Il sangue comincia a corrermi per il corpo e accende il mio istinto; balzo in piedi e infilo gli sci.

«Wooooooo! Questo diventerà leggenda! Dài, dài, andiamo! Amici, siete pronti per l'estasi?» grido, scrollando i miei compagni dalla contemplazione.

Mi accosto al margine della cornice e con le racchette la rompo per creare un varco da cui poter saltare nel corridoio. La neve mi aspetta, immacolata, vergine sotto i miei piedi, invitandomi a profanare il suo scintillio, lo stesso che devono avere i miei occhi, impazienti di saltare immaginando la linea che tracceranno gli sci. Tre, due, uno. Una piccola spinta in avanti e uno sciame di farfalle mi sale dallo stomaco mentre sono sospeso in aria, e il tempo si ferma finché gli sci non toccano il suolo e affondando nella neve creano un'onda bianca che mi copre fino alla vita. Tutto accelera; gli sci corrono a grande velocità lasciandosi dietro, lontano, la cima della cresta, paralleli al pendio, mentre il mio corpo danza un dolce valzer tracciando delle S seguendo creste e canali, saltando rocce. È facile; i cinquanta gradi di pendenza sembrano trenta. Mi sento un surfista che cavalca con facilità l'onda di uno tsunami di proporzioni gigantesche. Non avevo mai visto tanta neve. Dietro sento gli urli di gioia dei miei compagni che come me giocano con la neve, quasi avvolti da un'ovatta soffice che ci protegge da tutto e ci fa dimenticare le difficoltà e la stanchezza di poche ore fa. Alla fine del lungo canale entriamo in un bosco fitto, simile a quello che ci è costato tanta fatica attraversare stamattina. Questo però si lascia penetrare dal nostro alternarsi di movimenti fluidi e brusche virate. Approfittiamo delle poche radure per lanciarci in picchiata e prendere velocità per saltare alla cieca al di sopra di alberi e rami, atterrando in una spianata ricoperta da metri di neve che ammortizzano la caduta con la tenerezza di una giovane madre.

«Orgasmico!» urlo arrivando in fondo alla valle; le gambe mi vanno a fuoco e il cuore mi batte per l'eccitazione. Mezz'ora di piacere estremo, estenuante, e di bellezza sublime allo stesso tempo. Tutta la sofferenza della salita è ormai lontana, fa parte del passato, dopo una simile dose di adrenalina e appagamento. E, dulcis in fundo, davanti a noi, a pochi metri al di sopra del fiume vediamo le case di Kyanjin.

Riempiamo i thermos di acqua e saliamo tranquillamente fino alle case. È metà pomeriggio e c'è una certa animazione nel villaggio, l'ultimo prima delle grandi montagne inaccessibili, l'ultimo abitato nepalese prima della frontiera con la Cina, l'ultimo sul sentiero che scompare nel ghiacciaio davanti a noi. Kyanjin sorge su un pianoro prodotto da un'antica morena ai tempi in cui il ghiacciaio arrivava a duecento metri sopra il bacino del fiume, proteggendolo così dalle piene provocate dai monsoni. Si trova sul versante settentrionale della valle, che qui si apre in grandi pianure e porta così il calore del sole nelle case per quasi tutto il giorno. I campi intorno sono abbastanza vasti per far pascolare gli yak, prima di restringersi di nuovo qualche chilometro più a monte.

All'ingresso del villaggio, un po' separato dal resto, c'è un grande edificio. Con i suoi due piani e le sette finestre sul lato più lungo e le tre su quello più corto, si distingue nettamente dalle case che gli crescono disordinatamente davanti. Ci sono altre costruzioni più o meno della stessa dimensione, fra cui alcune più moderne, con i muri di cemento colorato, ma si vede che quello è stato il primo grande edificio del villaggio. Lo dimostrano i suoi muri di pietra, ricoperti di cemento di un verde chiaro sbiadito.

Davanti alla facciata principale, quella con le sette finestre, un tavolo di legno e due panche sono ancora sepolti sotto la neve. La casa si eleva sopra una piccola piattaforma di cemento, dove cinque bidoni di plastica raccolgono l'acqua che cade dal tetto man mano che la neve si scioglie. Due gradini conducono a un portone massiccio di legno scuro con l'intelaiatura di ferro. All'interno, una piccola sala fredda con i muri in pietra ornati di bandiere di preghiera tibetane e statuette di Buddha conduce a uno spazio che invita al riposo; delle scale a destra portano al piano superiore, dove presumo siano le camere. Il pianterreno è un unico ambiente in cui delle aperture nel muro, coperte solo da tende, creano due locali da una parte e dall'altra dell'ingresso. A sinistra, una stanza piuttosto ampia e luminosa, con le pareti rivestite di pannelli di legno, fa da sala da pranzo con i suoi lunghi tavoli e le panche di legno massiccio addossate al muro, le sedie di plastica rotte e letteralmente ricucite con il fil di ferro (qui le cose devono durare). Una piccola stufa di metallo fa da ombelico alla sala, che come uniche decorazioni sparse sui muri ha quattro poster pubblicitari di compagnie di guide italiane o americane e foto di montagne. Qualche fiore di plastica dà un'aria più fresca alle finestre che guardano a sud e a est, rese quasi opache dalla quantità di adesivi attaccati sui vetri. A destra dell'ingresso c'è la cucina, con la sua grande stufa di terracotta sempre accesa. Sopra c'è un pentolone pieno d'acqua che comincia a bollire e sulla tavola delle verdure tagliate per metà. Chiediamo ad alta voce se c'è qualcuno, ma, anche se tutto ci dice che la casa è abitata, non si vede anima viva. Entriamo in cucina e proseguiamo la nostra perlustrazione fino a quelle che sembrano le stanze dei proprietari; eppure continua a non farsi vivo nessuno. La casa è deserta. Lasciamo gli zaini nell'ingresso e usciamo sulla terrazza per goderci il sole intanto che aspettiamo che compaia qualcuno, se non altro la persona che sta preparando la zuppa di verdure che bolle sul fuoco.

Nel giro di venti minuti, vediamo una donna anziana risalire dal fiume, fra le pietre. La donna, con i capelli completamente grigi su un viso rotondo tutto rosso e solcato da grandi rughe, porta sulla schiena un grosso bidone legato alla fronte con corde fatte di stracci. Procede lentamente, curva, finché si ferma a riposare un momento appoggiando il bidone a terra. Devono essere almeno quaranta litri d'acqua! Vedendola, Thomas va subito ad aiutarla, afferra il bidone e lì rimaniamo tutti interdetti: la donna gli strattona il braccio e lo sgrida. Non sa una parola di inglese, ma si capisce perfettamente che non vuole che le diamo una mano. Accetta però con gratitudine che Thomas la aiuti a rimettere il bidone sulla schiena e, dopo averlo ringraziato con un «*dhanya bat*», prosegue il suo cammino fino alla cucina, dove scarica il bidone vicino alla stufa. Esce pochi minuti dopo e ci accoglie con un gran sorriso. Anche se l'unica parola che conosce in inglese è *yes*, ci invita in cucina, ci fa accomodare accanto alla stufa e ci offre delle patate lesse mentre lei si rimette a tagliare erbe e verdure. Ci sediamo con il sollievo di aver trovato una buona accoglienza nel posto che, per un po', sarà casa nostra.

Il sole, intanto, si è avviato al tramonto e nella cucina, al caldo, mangiamo per la seconda volta oggi *dal bhat*, che prevediamo sia l'unico cibo disponibile da queste parti. Dalla finestra vediamo i colori del giorno trasformarsi in una monocromia di bianco e nero sotto la luna piena, che illumina tutto congelando quello che sta fuori dalle case, lontano dal calore giallo delle stufe, e lasciando la vita solo nel cielo, nel brillio delle stelle, e dentro le case, intorno alle stufe.

7
L'eredità

La nostra voce è anche la testimonianza delle persone che abbiamo ammirato e amato, che ci hanno insegnato e influenzato.
Lluís Claret

«E attraversarono la frontiera a Rasuwagadhi, oltrepassando valichi di più di cinquemila metri solo con ciò che avevano con sé, in pieno inverno, quando i grandi fiumi sono ghiacciati e la sorveglianza alle frontiere diminuisce» ci traduce Pema, la nipote di Dorje, l'anziana che ci ha accolto, mentre ci racconta come, anni prima, sono finiti qui, in questo luogo sperduto in cima al mondo. Lei era ancora una bambina quando si stabilì a Kyanjin con i suoi genitori, che costruirono questa casa, ampliandola poi con il passare degli anni. «È stata la prima casa a essere costruita accanto al monastero dei monaci buddisti che sono venuti qui in esilio, una settantina di anni fa. Avete visto il monastero? Resiste ancora, però ci sono rimasti solo pochi lama; gli altri sono andati più a sud.»

Ascoltiamo attentamente la bambina di un tempo, che ora è una ragazza e parla un inglese perfetto. È arrivata ieri, due giorni dopo di noi, direttamente da Katmandu – dove studia – insieme a sua madre, che vive con lei durante l'inverno, molto rigido da queste parti. Sua nonna e suo padre, Kalsang, invece si rifiutano di lasciare questa casa.

«I miei bisnonni sono stati i primi, dopo i monaci, a stabilirsi qui. Ma nei mesi e negli anni successivi sono arrivati molti altri esiliati tibetani. Quando mia nonna aveva vent'anni, quassù c'erano più di centocinquanta persone! Ve lo immaginate?» ci domanda con un'aria sbalordita. «Poi, però, gli abitanti hanno iniziato a trasferirsi al sud e sono rimasti in pochi qui, finché non hanno cominciato ad arrivare gli stranieri. Allora hanno costruito strade e vie più veloci, e la gente ha cominciato ad andare a Katmandu. D'estate si sta molto bene, ma ora, con l'inverno, è impossibile viverci. Prima avevamo gli yak e i campi, ma ora viviamo solo di turismo, e d'inverno quassù non c'è niente da fare. Per fortuna mia madre ha insistito per andare a Katmandu, per farmi studiare, perché, se fosse stato per mio padre... Lui starebbe ancora dietro agli yak e ai campi.»

«Almeno ci davano da mangiare» interviene Kalsang in un inglese incerto e con un sorriso malinconico, mentre si siede accanto alla figlia.

«Ma mangiamo anche adesso! Possiamo comprarci da mangiare, possiamo scendere da Syabru a Katmandu e comprare quello che ci pare» replica lei.

«Prima non dovevamo comprarcelo, da mangiare; non avevamo bisogno delle strade perché avevamo tutto in casa. I tuoi bisnonni sono andati via per questo, perché con le strade sono spariti i campi e per mangiare dovevano comprare, dovevano lavorare la terra non per mangiare, ma per vendere. Hanno visto andare via i figli e morire gli amici che non volevano adattarsi al nuovo sistema. E muoiono ancora; ogni mese ci arriva la notizia che Tizio o Caio si è dato fuoco o è stato ammazzato. È la legge della paura; se hai paura obbedisci sempre, e così hanno fatto del nostro Paese il loro regno di campi e di turisti. E quelli che non si sono voluti adattare o sono fuggiti, come noi, o sono morti.»

La giovane Pema respira profondamente e alza il viso, sta per dire qualcosa, di sicuro ha sentito quella storia migliaia di volte, ma si ferma quando dagli occhi di suo padre vede spuntare delle lacrime che non riesce a trattenere.

Dopo un momento di silenzio, con gli occhi umidi, Kalsang dice, rivolgendosi a noi: «È una violenza. Se ti tagliano le gambe non puoi camminare, se ti tagliano le mani non puoi seminare, e se ti tagliano la lingua non puoi parlare. A noi è stata tolta la terra. È molto più efficace che mutilare un uomo, perché, togliendoti la terra, tolgono la vita non solo all'uomo che oggi la semina, ma anche ai suoi vicini, ai suoi figli e ai suoi nipoti. Hanno costruito strade dove scorrevano i nostri fiumi, dighe dove sorgevano le nostre case e fabbriche dove pascolavano i nostri yak. E quando abbiamo aperto la bocca per lottare con le parole, ci hanno tolto la vita togliendoci la voce, però non sono riusciti a toglierci la parola. Siamo fuggiti. Continuiamo a fuggire».

Ogni popolo ha la sua verità; di verità ne esistono tante quanti sono i popoli e le persone, ma per ognuno esiste solo la sua verità e pensa che sia universale, che sia il bene, che sia il progresso. Loro questo progresso non lo volevano, perché ne avevano già un altro, il loro.

«Voi turisti non lo capite, perché avete bisogno delle strade per muovervi, del commercio per mangiare, dei telefoni per parlare. Questo è il vostro progresso, non il nostro. La nostra libertà è finita nel momento in cui ci hanno voluto far diventare come loro, ma noi abbiamo voluto continuare a essere noi stessi.»

Abbasso lo sguardo; sono irrequieto da giorni perché non posso consultare la mia posta elettronica, guardare la mia bacheca su Facebook; sono agitato perché cerco un modo per telefonarti e ho fatto il giro del paese per trovare un pezzo di cioccolata.

«Però non vi fate un'idea sbagliata» riprende allegro Kalsang dopo una pausa, cambiando completamente tono. «Qui siamo felici. Qui abbiamo ancora la libertà.» E quando entrano nel *lodge* altri due uomini, aggiunge per concludere la conversazione: «Volete giocare a carte?».

Finiamo la serata giocando a carte con Kalsang e i due uomini del paese, entrambi proprietari di *lodge* come il suo. Nessuno di noi prende sul serio la partita: ridiamo, urliamo, ci abbracciamo e andiamo a dormire senza sapere chi ha vinto.

Mi alzo quando la luce del sole entra dalla finestra della camera. I miei compagni non sono a letto. Scendo, esco e li trovo intenti a prepararsi per andare a sciare.

«Buongiorno! Dove si va oggi?»

«Buongiorno. Andiamo verso quella cima là» dice Thomas, indicando una piramide candida e perfetta che si innalza a ovest. «Dovrebbe essere intorno ai seimila metri e sarà utile per acclimatarci.»

Mi preparo alla svelta e in pochi minuti cominciamo ad aprire la traccia nella neve che ha già cambiato consistenza.

Faticosi questi primi giorni in alta quota, e ancora di più se dobbiamo aprire una traccia nuova ogni mattina! Ma sette ore dopo torniamo in paese soddisfatti; i giorni in cui arrivi a "casa" a corto di forze, con le gambe che ti urlano di riposare e il cuore che raziona le energie per arrivare fino alla porta, sono quelli migliori; quelli in cui hai potuto spremere al massimo il corpo e la mente, soprattutto attraverso gli occhi, ma anche attraverso l'olfatto, il tatto e l'udito; quelli in cui hai viaggiato in un mondo di forme, di arte, di musica, di emozioni che porti con te e rielabori durante il pomeriggio, mentre le membra si riposano, e che ti segnano sul viso un leggero sorriso difficile da cancellare.

Approfitto del pomeriggio per leggere uno dei libri che mi sono portato – uno dei pochi pesi superflui che mi sono concesso –, bevendo tè *masala* in terrazza; ogni tanto alzo gli occhi verso le mille cime che potremo scalare nei prossimi giorni.

Insieme al buio arriva anche la cena. Dato che siamo gli unici stranieri nel *lodge*, mangiamo con la famiglia: *dal bhat* condito con le domande di Pema... La ragazzina vuol sapere tutto di noi e dell'Europa! Ci racconta i suoi sogni: vuole andare a Londra e a Parigi a studiare, ma non ha ancora deciso cosa – è incerta tra biologia e architettura – però è determinata nel suo desiderio di fare l'università fuori dal suo Paese.

«È un topo da biblioteca» dice sua madre, «per questo vuole venire quassù solo d'estate, per parlare con i turisti e leggere i loro libri. Ma andare in Europa è molto caro; è impossibile per noi e, oltretutto, qui bisogna lavorare la terra e fare i portatori altrimenti chi continuerà il lavoro del *lodge* quando non ci saremo più? È l'unica figlia che abbiamo.»

Pema resta delusa da quest'ultima affermazione, però non ci mette molto a ricominciare il suo interrogatorio.

Dopo cena, se ne vanno tutti a dormire; siamo tutti stanchi. Nella sala da pranzo restiamo io e Alexandr, ma non ho ancora sonno, sono solo le otto. Ci prepariamo un tè e ce lo beviamo in silenzio. In casa non si sente nessun rumore, a parte il crepitio delle ultime braci che si stanno spegnendo nella stufa. Finiamo il tè e mi metto a leggere il libro, che termino presto. Perché ho portato tre libri brevi invece di uno bello grosso che mi potesse durare di più? Forse non era un peso così superfluo perché, più che di dar da mangiare al corpo, abbiamo bisogno di nutrire la mente. Alexandr è seduto di fronte a me; guarda dalla finestra, ma fuori è tutto buio.

«Annoiato?»

«No.»

«Mamma mia quante domande fa la ragazzina, eh? Sembrava che non la volesse finire più...»

«...»

«Oggi è stata una buona giornata: ci siamo acclimatati bene e tra poco saremo pronti... Stiamo facendo le cose come si deve, vero?»

«...» Alexandr fa su e giù con la testa.

«Non ti va di parlare?»

«No. Mi piace il silenzio, ammiro le persone che non lo temono. Parlare tanto per farlo è fuggire dalle nostre paure e dai nostri difetti, perché solo nel silenzio li possiamo affrontare faccia a faccia.»

Restiamo ancora un po' nella sala da pranzo, finché non si spengono le ultime braci e non mi viene sonno. O entrambe le cose.

L'indomani attraversiamo delle creste e delle gole molto belle, proprio dietro al monastero buddista. Torniamo al *lodge* a mezzogiorno. C'è grande fermento, tutto il paese è per strada, e una decina di uomini corrono su per il pendio. Quando arriviamo nello spiazzo davanti al *lodge*, chiediamo a Pema cosa sta succedendo.

«È morto uno yak e andiamo a prenderlo, così mangiamo un po' di carne!» esclama entusiasta per quell'avvenimento che rompe la monotonia.

Lasciamo gli zaini e gli sci e seguiamo gli uomini che salgono lungo i pendii di terra ed erba finché, non molto lontano dalle ultime case del paese, vediamo uno yak col pelo marrone sdraiato su un fianco circondato da una dozzina di uomini eccitati che gli legano due grosse corde alle zampe e cominciano a tirare per trascinarlo verso valle. All'inizio spostarlo è un'impresa – lo yak è molto pesante – ma facendolo scivolare sull'erba alla fine riescono a trasportarlo facilmente tra i vicoli fino a uno spiazzo dietro al *lodge*. Lì cominciano a scuoiarlo e a tagliarlo a pezzi.

Un sorridente Kalsang si avvicina, mentre impacchetta pezzi di lombata.

«Se ci sarete ancora, tra una settimana potremo mangiare carne.»

Ma la sera mangiamo ancora il *dal bhat*, e in silenzio, dopo il tè, ce ne andiamo a dormire.

Pomeriggi di silenzio si succedono a pomeriggi di chiacchiere allo stesso ritmo con cui le giornate di sole si alternano alle nevicate.

Il giorno inizia avvolto da una fitta nebbia attraverso la quale cadono grandi fiocchi di neve. Esco da solo a fare un giro nei boschi sotto al paese, mentre i miei compagni restano nel *lodge*. Ho bisogno della mia dose di sport e di movimento quotidiano; ho bisogno di uscire a sgranchirmi le gambe, anche solo per un momento.

E torno alcune ore più tardi del previsto: a forza di ripetermi: «Ancora dieci minuti e basta, solo fino a quella cresta, solamente fino a un quarto...», con le endorfine belle alte, arrivo in paese dopo mezzogiorno. Nell'anticamera, la signora Dorje, come ogni pomeriggio, lavora all'uncinetto con grossi fili colorati; negli inverni come questo, la sua produzione di sciarpe può rifornire tutta la valle. Nella sala da pranzo, Thomas, concentrato sui suoi fogli, sorseggia un tè.

«Ragazzo, non ti allenare così tanto, che con il freddo che fa fuori ti sciuperai!»

«Il fatto è che mi devo allenare; ne ho bisogno» dico con sincerità.

«Ma non hai nessuna gara! Poi, se ti alleni così tanto, non riusciremo a starti dietro.»

«Voglio dire che è il mio corpo a chiedermelo; non posso stare un giorno fermo.»

«Be', hai ragione. Anch'io faccio fatica, ma lo imparerai con gli anni... Da quanto tempo gareggi?»

«Sono già tredici anni.»

«Mamma mia! Sei molto giovane! E te ne restano ancora un'altra quindicina prima che il tuo livello inizi a calare.»

«Sì, però non credo di continuare per altri quindici anni! Per ora non mi ci vedo a gareggiare per più di cinque o sei anni.»

«Come mai?»

«Non lo so; la competizione mi dà molte cose buone, molte emozioni, viaggi, un bell'ambiente... Ma mi toglie anche una certa libertà. Non sono mai a casa; non posso essere invisibile alla gente e, tra alcuni anni, preferirò fare altre cose... Più montagna forse. Ma non lo so, la competizione mi dà molto: amici, battaglie. Dovrò trovare la formula per non perdere tutto questo... E tu, perché hai abbandonato l'alpinismo?»

«Non l'ho mai abbandonato. Cosa intendi dire?»

«Fino agli anni Novanta seguivo sempre ciò che facevi attraverso *Vertical* o *MM*. Da allora, non ho più saputo niente di te finché non ti ho visto quel giorno sulle Aiguilles Rouges.»

«Sai, in Irlanda abbiamo una parola, *tenalach*. Non c'è un equivalente in altre lingue, descrive una relazione profonda con la terra, l'aria e l'acqua, con tutta la natura. Esprime un'idea di rispetto, di fusione, un sentimento molto profondo. Be', c'è stato un momento della mia vita in cui ho perso il mio *tenalach* e sono andato a cercarlo.»

«Avevo sentito dire che hai avuto un incidente. È stata quella la causa?»

«In parte, sì. L'incidente mi è servito da detonatore. Abbiamo sempre bisogno di un detonatore per renderci conto delle cose. È successo alla fine dell'inverno del 1991, se non ricordo male; stavamo aprendo una nuova via sul versante sud del McKinley e una valanga ci ha travolto. Cinque minuti prima ci eravamo tolti la corda per andare più veloci su un pendio innevato. Io mi sono salvato, perché sono rimasto bloccato da alcuni massi. Il mio compagno non ha avuto la stessa fortuna. Sono sceso dalla cima come ho potuto, con diverse costole rotte e senza poter fare rappel, visto che la valanga mi aveva portato via lo zaino e le corde. Mi ci sono voluti due giorni per arrivare al campo base. Ho perso tre dita del piede per congelamento e per poco pure un braccio, che mi ero rotto malamente. Ma la cosa che mi ha fatto più male non è stato l'incidente, perché di cose del genere ne succedono tutti i giorni; a farmi soffrire di più era quello che si diceva sui quotidiani, sulle riviste, nei forum, per strada. Tutti avevano da dire la loro, le loro teorie, la loro verità, parlavano come se mi conoscessero. Ma nessuno era lassù con me o mi aveva chiesto cos'era successo. E mi sono reso conto che, al di là dell'incidente, era accaduta la stessa cosa con i miei successi precedenti. Le critiche, quando sono positive, fanno bene alla nostra autostima, ma il mio andare in montagna era diventato un circo, un Truman Show. Difficile trovare il *tenalach* là in mezzo.»

«E non hai smesso di scalare?»

«No, quando le mie dita sono guarite dalle amputazioni, ho ricominciato a fare alpinismo, ma senza dirlo a nessuno; lo sapevano solo i miei amici, i compagni di cordata. E ho fatto quasi più scalate in questi ultimi anni che prima. Ho scalato per me, per i miei amici e i miei clienti. Il mio fare montagna è diventato molto più libero. Non dovevo rispettare calendari decisi a tavolino, come negli anni precedenti; ogni giorno facevo quello che mi dava gusto in quel momento e quello che mi permettevano le condizioni della montagna.»

«Ma hai continuato a fare spedizioni?»

«Sì, alla fine ho seguito una programmazione, ma era molto più flessibile, perché non avevo gente che mi aspettava in montagna per farmi le foto o un giornalista in attesa di una notizia da una cima. L'anno successivo siamo partiti per il Nepal; dovevamo scalare il Makalu, ma le condizioni non erano buone e all'ultimo momento abbiamo cambiato idea e siamo andati a finire sull'Annapurna. È lì che ho conosciuto Alexandr. Io ero con un compagno inglese e lui con una grande spedizione russa. Abbiamo aspettato due mesi al campo base che migliorassero le condizioni in montagna, ma non miglioravano o, quando miglioravano, non sapevamo se sarebbe stato il momento giusto. Il mio compagno si è stancato di aspettare e, quando ci hanno annunciato una piccola finestra di bel tempo, il capo della spedizione russa ha detto che era troppo breve e incerta. Alexandr allora è venuto a trovarmi e mi ha chiesto se volevo accompagnarlo, visto che il momento perfetto non c'è mai ma dobbiamo essere noi a crearlo. Siamo partiti leggeri e dopo cinque giorni eravamo di nuovo giù; avevamo conquistato la vetta appena prima del maltempo, ma nella discesa ci eravamo persi nella tempesta per un paio di giorni. Il capo della spedizione russa era furioso; diceva che si dovevano sempre seguire le istruzioni del capo spedizione, perché era lui il responsabile. Era una spedizione militare e Alexandr non aveva ubbidito agli ordini. Credo che questa esperienza gli sia servita per stabilire un rapporto più libero con la montagna. Era così frustrato mentre aspettava al campo base... Da allora in poi ci siamo incontrati su queste montagne.»

«La libertà è un'illusione» dice Alexandr, che si è seduto accanto a noi senza che ce ne accorgessimo. «La libertà finisce nel momento in cui prendiamo una decisione. Fino a quel momento sì che siamo liberi di scegliere, però, quando pensiamo, non siamo più liberi perché prendiamo decisioni che influenzano le nostre azioni. In realtà, non lo siamo nemmeno quando non pensiamo.»

«Non ho capito» ribatto. «Se pensiamo, non siamo liberi; e se non pensiamo, nemmeno? Allora dov'è la libertà?»

«La vera libertà è nell'ignoranza. Guarda, la cosa più dura dell'esercito è quando non ne fai più parte; dentro ti fanno una bastardata dietro l'altra, ma è peggio quando torni a casa, quando finisci il militare o vai in congedo. Prima ti dicevano esattamente ciò che dovevi fare in ogni momento: quando potevi andare a pisciare, i vestiti che dovevi metterti, a quale ora e cosa dovevi mangiare eccetera, eccetera... Invece quando te ne vai, non sai cosa fare, ti senti perso: e adesso, che cosa mi metto? Cosa compro da mangiare? Cosa faccio oggi? Più conosciamo una cosa e meno siamo liberi, perché creiamo più automatismi. Con la conoscenza ci creiamo il nostro esercito di abitudini.»

«E credi che con il pensiero non si possa arrivare alla libertà?»

«Sì, ma è difficile. Conquistiamo la libertà se impariamo a saltare questi automatismi, e per riuscirci dobbiamo smettere di credere a cose che ritenevamo sicure.»

Arriva il *dal bhat*. Pema si siede a mangiare con noi, ma stasera non parla, fino a quando, dopo cena, mi chiede di prestarle il libro che sto leggendo, una traduzione in inglese di *Cent'anni di solitudine* che ho trovato a Katmandu prima di venire qui, e poi scappa in cucina.

Apro la mappa di Thomas e mi immagino già su per i pendii e le curve di livello. Guardo il percorso che dovremo seguire nei prossimi giorni, quando saremo ben acclimatati all'altitudine e il tempo sarà clemente. E cerco le attività più interessanti da fare domani, dopodomani...

«Questi pseudoalpinisti... E questi giornalisti che ci fanno pure gli articoli...» si lamenta Alexandr lasciando sul tavolo un numero abbastanza recente di una rivista americana. «E sì che ce n'è di gente che fa cose interessanti...»

«Ai giorni nostri, le cose interessanti sono altre e non sono popolari; sono troppo difficili da interpretare, richiedono tempo. Oggi, è popolare quello che fa spettacolo» risponde

Thomas. «E fa spettacolo quello che è facile da interpretare; quello che è già sulla bocca di tutti, con cifre, commenti... Ci affidiamo ai commenti altrui, perché oggi non abbiamo il tempo di farci un'opinione da soli.»

«È un peccato che anche l'alpinismo sia arrivato a questo punto. L'alpinismo era un'arte, ma poi è diventato uno sport... E le star ne hanno approfittato, e giustamente, con ascensioni facili da vendere, mentre i pochi eletti sono diventati degli eremiti. Ed è colpa nostra, perché non ci sappiamo raccontare o perché preferiamo passare il tempo a scalare o a cercare nuove vie invece di parlare di cosa e come abbiamo scalato.»

«E chi sono gli eletti nell'alpinismo?» chiedo, ignorandolo. «Nelle gare è facile: c'è un'élite, ci sono gli amatori e c'è il folklore» dico ironicamente. «Abbiamo l'orologio, che non può mentire; con le classifiche c'è poco da interpretare e l'ego viene messo a nudo dal cronometro.»

«L'alpinismo è un'arte, e un'arte è molto simile a uno sport; è la ricerca dell'eccellenza. Ma poi perché cerchiamo quest'eccellenza?» domanda Thomas, rispondendo immediatamente a se stesso. «Se dài tutto ciò che puoi dare, corri più veloce che puoi, compi le scalate più rischiose o le imprese più belle, può essere solo per due motivi: per amore o per paura. Per la paura di morire sono state scritte alcune delle pagine più belle della storia dell'alpinismo, che per molti Paesi, non dobbiamo dimenticarlo, rappresentava un altro modo di fare la guerra. E sempre per paura sono state create alcune delle opere musicali più raffinate della storia. E

I nostri passi sono gli echi delle persone che ci precedono
e ci insegnano, e si convertono nei suoni che, indefiniti,
qualcuno (forse) sentirà domani.

Andare lontano, sentirsi solo, fuggire per scomparire nel paesaggio per sentirsi accompagnato.

Il sentimento nei confronti di un qualcosa che si scioglie sotto di noi.
Giocare e passare dalla stabilità al caos in un millesimo di secondo,
dall’amore al terrore in un batter d’occhio.

Attraverso gli occhi percepiamo i colori della natura,
ma è attraverso la pelle che si trasformano in calma, ansia,
pace o angoscia.

Aprire delle vie,
seguire i passi di persone
che non segue nessuno,
trovarci da soli nel nostro
delirio è ciò che ci fa scoprire
quel che si nasconde
dietro alla vita.

Verticalità.
È tutta una questione di prospettive,
è un gioco tra l'ambiente e il nostro corpo.

Ti rendi conto che la vita esiste
quando senti
che è nelle tue mani.

Noi che non siamo capaci di guardarci con serenità,
possiamo riuscire a farlo solo viaggiando ed esplorando
per trovarci quello sguardo inciso nel corpo.

l'amore, non c'è bisogno di dirlo, porta per sua natura all'arte. E nello sport, è l'amor proprio che agisce molte volte. Nell'alpinismo, tutte le volte in cui questo ego si è voluto mettere davanti all'*amor d'altri*, l'opera ha cominciato a deteriorarsi... È la storia dell'uomo, la storia dello sport e, in definitiva, la storia dell'alpinismo. L'élite ci fa vedere la storia come la cosa più popolare che c'è, e non c'è niente di più popolare del successo; come poi sia stato raggiunto, questo successo, importa a pochi.»

«Però c'è l'etica!» ribatte Alexandr con forza. «Lo stile alpino! La progressione in solitaria, sempre verso l'alto, senza corde fisse, o campi d'appoggio... L'élite deve cercare i limiti dello stile alpino, ma al di fuori dell'ambiente dell'alpinismo sembra che non interessi a nessuno, perché non si può quantificare.»

«Sì, ma lo stile sono solo delle regole che noi uomini ci siamo inventati per delimitare ogni attività, per classificarla; insomma, se ci facciamo del male da soli...» dice Thomas, quasi parlando a se stesso. «Ci sono stili nella pittura, nella musica... Nello sport ad alto livello, l'etica è uguaglianza.»

«Allora, Thomas, tu sai che ogni persona è diversa; l'uguaglianza non esiste sin dalla nascita: alcuni sono forti, altri veloci, altri sensibili, altri rozzi... E man mano che cresciamo, di uguaglianza ce n'è sempre di meno! Tu hai un passato, un'eredità, delle conoscenze o delle capacità che acquisisci e modelli, e che ti rendono diverso dalle altre persone» risponde deciso Alexandr. «L'etica nello sport è il rispetto: della montagna e delle altre persone.»

«Mi sono spiegato male.» Thomas si ferma a pensare. «L'etica è l'uguaglianza nelle possibilità, ma nel mondo di oggi, in cui l'uomo ha un'eredità così grande, di secoli, di generazioni, è impossibile pensare a un'uguaglianza di possibilità. Guarda, per noi è facile pensare all'etica dell'alpinismo, perché l'alpinismo è un hobby per noi, ma ti ricordi agli inizi, quando era ciò che ti dava da mangiare? Allora sì che ci andavate con le spedizioni da quattro soldi! È molto facile parlare di etica quando la realtà è lontana. È facile parlare "eticamente" di razzismo quando vivi nei quartieri alti. È facile parlare di libertà in un Paese in cui da anni non c'è nessuna guerra. È facile parlare di ecologia in un Paese che manda in un altro i suoi rifiuti. L'etica e la morale sono pensieri dell'abbondanza, non della miseria.»

«Non credo, l'etica è universale. Sono regole non scritte, utopiche, che non sono il frutto di una riflessione di eruditi, ma dell'istinto umano. Non uccidere è un principio etico, ma se qualcuno ti vuole assassinare, lo uccidi. Scalare in stile alpino è etico, però, ovviamente, se vedi che stai rischiando la vita, metti una corda fissa. Il problema è che, con la scusa che è stato fatto prima, trasformiamo l'eccezione in abitudine.»

«Forse hai ragione; la montagna è uno dei pochi luoghi in cui, per ora, non esistono regole scritte; è l'ultima roccaforte di libertà totale che ci resta. Non credi che la questione dello stile sia comunque un tentativo di limitare la libertà? In base a che cosa è meglio conquistare una vetta in stile alpino piuttosto che con l'aiuto delle bombole di ossigeno, di medicine, di campi allestiti da portatori e di corde fisse? Loro non hanno la libertà di farlo?»

«Il problema non è la libertà; il problema è che entriamo in un circolo vizioso. Con il diritto alla libertà ci aggrappiamo a cose che non avremmo mai dovuto fare; l'uomo si rifugia sempre nei precedenti, nel "tu lo hai fatto prima". Allora, una persona non ha diritto di guadagnare soldi speculando? O rubando? O di bruciare un bosco per costruire? Ma dài, Thomas, la libertà nel Ventunesimo secolo è un'invenzione per fare quello che cazzo ci pare! Per saltare l'etica a piè pari! È preferire il risultato alla forma! È impedire che si affermi l'etica dell'alpinismo!»

«Sono d'accordo; però non credo che l'etica sia una cosa del tutto innata. Cambia a seconda delle persone; a ogni persona corrisponde un'etica, perché ognuno ha la sua verità e tutte, se le guardiamo da vari punti di vista, saranno vere o false in base a una certa prospettiva. L'altro giorno lo diceva Kalsang a proposito del progresso: per i tibetani è molto più spirituale e per i cinesi molto più materiale. Per questo ci sono le guerre! E, guarda, prima parlavi di eredità: siamo ciò che ci hanno insegnato i nostri maestri e ciò che insegniamo ai nostri allievi. Su queste montagne io ho imparato da te; tu sei stato portato in montagna da Kurtyka, e lui sicuramente si è ispirato a gente come Paul Preuss. E ora portiamo qui Kilian. Io, in definitiva, eredito da Preuss e Kilian eredita da me. È una catena in cui non può mancare nessun anello. Siamo spugne che assorbono in continuazione, ma che a un certo punto dovranno per forza ributtare fuori l'acqua. E con ogni persona, questa verità, questa eredità, cresce, evolve, si supera. Ci dà un aiuto per poter volare, valori da difendere e una verità per vivere, ma anche dei pregiudizi. E noi sulle spalle abbiamo già un'eredità molto grossa. È per questo che l'etica non è innata; l'etica, in parte, appartiene anche a ciò che abbiamo vissuto e a ciò che ci hanno insegnato.»

«Va bene, sono d'accordo con te che non abbiamo una visione chiara di ciò che facciamo e di come lo facciamo. Ciò nonostante, il problema dell'ossigeno, le corde fisse, la speculazione e altre forme di "libertà"» sottolinea Alexandr enfatizzando con ironia quest'ultima parola, «non è un problema di uguaglianza o di eredità, è un problema di futuro. È il problema di far circolare un'acqua avvelenata, è lasciare un'eredità pericolosa; è insegnare ai nostri figli che ciò che siamo non è il risultato di ciò che facciamo, ma che ciò che facciamo è il frutto di ciò che abbiamo. Eppure, ciò che siamo *è* ciò che abbiamo. La libertà non consiste nell'avere tutto, ma nell'avere la possibilità di scegliere, no? La libertà, per me, non è comprare una casa grande per poter dormire ogni notte in una stanza diversa, ma stare davanti alla casa e poter decidere in quale stanza vuoi vivere. La libertà è nella decisione, non nell'accumulazione» conclude con un silenzio riflessivo che si fa strada dentro di noi.

«Ma allora, secondo questo ragionamento, il massimo dell'etica in montagna è stare soli» dico, dopo alcuni minuti, per rompere quel silenzio che comincia a mettermi a disagio. «È l'unico modo per non avere intermediari tra noi e la montagna... Ed è lecito avere un'imbracatura mentre si scala da soli, nel caso debba prenderti un elicottero? O nello sci estremo è etico fare un rappel o avere una piccozza in mano? Fino a che punto è lecita la tecnologia?»

«Be', se vogliamo essere radicali, se corri con le scarpe usi già dei mezzi esterni; idem per l'abbigliamento. Per rispettare lo stile alpino al cento per cento, dovremmo andare in giro nudi, bere ai fiumi e dormire all'aperto!» risponde Thomas provocando una risata generale. «La purezza è una cosa che si è persa molti anni fa. Ciò che conta è quale grado di purezza esigiamo da noi stessi. Da me esigo quella che mi permette di aver fiducia in me stesso. E poi sono perfettamente consapevole dei miei limiti, innanzitutto dei miei limiti come animale, perché se mi guardo intorno vedo che siamo fatti molto male: corriamo lentamente in confronto a qualsiasi altro animale; abbiamo freddo se non siamo vestiti; ci basta poco per ferirci e i nostri piedi non sono fatti per la montagna. Infine sono consapevole dei miei limiti come persona, delle mie conoscenze e delle mie forze. Tutto questo mi dà dei limiti; sopra i limiti c'è il rischio; al di sotto, la pigrizia e le comodità. La purezza che esigo da me è quella che mi consente di avvicinarmi con sicurezza a questa linea.»

«Sì, immagino che la purezza non esista» divago in pensieri ad alta voce. «Però dobbiamo andare dietro a ciò che crediamo, vero? Dobbiamo essere coerenti con le concessioni che facciamo... Io credo che qui tendiamo al massimo della leggerezza possibile, giusto? Fare ulteriori concessioni sarebbe un suicidio!»

«Con gli anni imparerai, ragazzo. È importante che tu sia fermo nelle tue convinzioni, perché tra vent'anni vedrai delle verità diverse, ma non te le potrà insegnare nessuno, le dovrai imparare da solo strada facendo.»

Diamo per conclusa la chiacchierata. Abbiamo prolungato una serata che si presentava insipida e noiosa, però fuori è buio già da un po' e la famiglia se n'è andata a dormire dopo aver spento le luci del *lodge*. A pensarci, anche per noi è arrivata l'ora di andare a dormire. Siamo stanchi, ma è un po' triste dover interrompere qui la conversazione, proprio ora che avevamo finalmente trovato un argomento con cui intrattenerci nei lunghi pomeriggi. Per finire, raccogliamo dal tavolo le tazze di metallo, ormai vuote, accendiamo le lampade frontali e saliamo in silenzio in camera. Il fuoco della stufa si è spento da un po', e fuori le stelle riempiono il cielo nero che ha oscurato le montagne che ci circondano. Sono già dieci giorni che siamo nel *lodge* e la luna sta scomparendo.

8
Kyanjin

Si può vivere senza fare molte cose,
e si possono fare molte cose senza vivere.
José Luis Sampedro

Tutti dicono che le spedizioni sono fatte essenzialmente di giorni passati a non fare niente in una tenda del campo base, prima in attesa che il corpo si ambienti all'altitudine, poi che la montagna offra le condizioni ideali per salire. Più d'uno mi aveva descritto l'alpinismo sulle grandi montagne come un mese di clausura e di noia in una tenda, coronato, con un po' di fortuna, da una grande ascensione negli ultimi giorni. Ma la nostra realtà è molto diversa. Immagino che, influenzato dal mio ritmo frenetico e dalla mia voglia di macinare metri di dislivello e vette giorno dopo giorno, Thomas si sia lasciato coinvolgere dall'idea di acclimatarci scalando varie cime al giorno, di portare il mio ritmo di allenamento a un'altitudine di quattro-cinquemila metri, e che Alexandr non abbia avuto altra scelta che seguirci, nonostante le sue obiezioni e riserve di fronte a questo metodo. Di mattine noiose al *lodge* non ne ricordo neanche una; ogni giorno facevamo una nuova ascensione, scalavamo una cima diversa di cinque-seimila metri, oppure un canale, percorrevamo un crinale o andavamo a fare una sgambata sul grande pianoro. Ogni giorno, a metà pomeriggio, tornavo al *lodge* soddisfatto, con le batterie scariche e contento di arrivare a "casa" e di avere un posto dove stendermi e far riposare i muscoli svuotati.

La noia, però, è il tarlo di ogni pomeriggio, quello che mi si mangia piano piano un'ora dopo l'altra. Dopo le cinque o sei ore di attività fisica del mattino, torniamo, sistemiamo l'attrezzatura, cosa che ci impegna una trentina di minuti, ci prendiamo un tè e cominciamo a osservare il lento scorrere del tempo, dei minuti e dei secondi fino all'ora di cena, e poi di nuovo, fino all'ora di andare a letto. Considerando che ci alziamo intorno alle sette, ci mettiamo in cammino non più tardi delle otto, e torniamo al *lodge* alle due, per far sera ci restano sei ore buone da ingannare. Le passeggiate o le ascensioni serali, che di solito facevo i primi giorni per tenere in forma il corpo e la mente, le ho dovute abbandonare per la stanchezza che mi lasciano le lunghe escursioni della mattina. Ho già finito i tre libri che ho portato con me. Potrei recitare a memoria il testo di tutte le etichette dei vestiti nello zaino, tutti gli ingredienti delle barrette energetiche, del cibo liofilizzato, dirti perfino, a occhi chiusi, la disposizione degli adesivi sui vetri interni ed esterni delle finestre del *lodge*. Conosco a memoria tutti gli angoli del villaggio, che ho percorso su e giù decine di volte, cosa che non richiede molto tempo in un posto in cui le case si contano sulle dita di una mano e sono per lo più chiuse durante l'inverno. Al di fuori delle facciate di pietra e cemento – di cui alcune decorate da fregi – e di qualche mucchio di letame di yak senza yak, non c'è praticamente nient'altro da vedere. Oltretutto, come un ologramma che ci fa sbavare, c'è una pasticceria proprio davanti al nostro *lodge*, con le foto di dolci al cioccolato e alle mele sulla parete con le finestre sbarrate, e una lista di caffè, tè e dolci attaccata alla porta per metà coperta dalla neve. Mangiare sarebbe un bel passatempo, ma dobbiamo razionare quello che abbiamo per farlo durare fino alla fine. Abbiamo fame, ma a patire non è tanto il nostro stomaco, quanto il nostro spirito.

Ogni pomeriggio ci ritroviamo tutti e tre seduti a tavola, a guardarci le mani incrociate sul tavolo o a fissare un punto indefinito dietro le finestre. Anche le conversazioni sembrano essersi esaurite. Qualche volta, lanciato con entusiasmo da uno di noi, un argomento si accende per consumarsi come la carta che prende fuoco; si spegne in un battito di ciglia, e ci rigetta nel nostro faccia a faccia con la noia. Ci mancano conversazioni come quella dell'ultima sera, fatte di legna, che non bruciano subito ma durano ore e ore prima che le braci si spengano. Le nostre chiacchierate adesso sono di carta; energiche ma brevi, si esauriscono nel giro di due o tre frasi o addirittura dopo qualche monosillabo. Alla fine, ammazzare il tempo non è così facile.

Mi alzo da tavola e, approfittando del fatto che Kalsang ha appena acceso la stufa, vado a cercare la tazza di metallo che ci portiamo sempre dietro. Esco dal *lodge* per riempirla con l'acqua che cade dal tetto e intanto mi godo la tenue luce che si sta spegnendo a ovest. Rientro e metto la tazza sulla stufa per farmi un tè. Osservo l'acqua scaldarsi, un minuto dopo l'altro. Con tutto il tè che mi sono preparato nella mia vita, è la prima volta che mi soffermo a guardare come si riscalda l'acqua. Ci hai mai fatto caso? All'inizio, quando è ancora fredda, è chiara e trasparente, immobile come il ghiaccio. Piano piano comincia a muoversi, quasi impercettibilmente, dal basso verso l'alto, lungo le pareti della tazza; in quel momento è ancora fredda, se ci metti un dito dentro. Poi inizia a prendere vita; le goccioline si avvicinano e si aggrumano salendo in superficie come una schiuma che si sposta sui lati in piccoli cerchi prima di sparire di nuovo. E allora l'acqua si fa più densa in fondo alla tazza, direi più scura, ma forse è solo perché la luce del giorno ha abbandonato la sala. L'acqua comincia a salire sotto forma di bolle lungo le pareti, prima timide e inoffensive, poi sempre più strafottenti; caricando con forza come un esercito di soldati nelle sembianze di sfere d'aria, sbarcano sulla superficie, ispezionando il terreno prima sui lati e, subito dopo, al centro, e occupando tutto il diametro della tazza partono all'attacco per morire nell'azione, lasciando il posto ai soldati dopo di loro a cui è destinata la stessa sorte. Arrivati a questo punto, persino prepararsi un tè può trasformarsi in un'avventura interessante, in un modo per dimenticare la noia per qualche minuto.

Un pomeriggio dopo l'altro, un silenzio dopo l'altro, scrivo nel quaderno per occupare il tempo; senza un filo logico, senza voglia, senza pensare al significato delle parole. A volte disegno paesaggi che ho visto durante il giorno, o appunto le idee che mi vengono su come migliorare un pezzo della nostra attrezzatura, oppure disegno in modo astratto alpinisti e sciatori su montagne sconosciute. Disegno anche mani, gambe, facce e occhi, freschi e grigio-azzurri come i tuoi o anziani e calanti come quelli degli abitanti del villaggio. Alexandr sta rileggendo *Il pendolo di Foucault* per la seconda volta da quando abbiamo lasciato Katmandu e Thomas è perso in elucubrazioni matematiche per riformulare uno studio che calcola i rischi obiettivi che corriamo quando andiamo in montagna, dalla passeggiata nel bosco vicino a casa fino alla difficile ascensione in solitaria lontani dalla civiltà. Da giorni, sommerso fra le sue carte, traccia curve, linee, numeri. La parte complicata da quantificare nell'equazione è quella che ci detta l'istinto, le sensazioni che abbiamo e che ci dicono "vai", oppure "oggi è meglio che torni a casa". Come si possono quantificare le emozioni? Si può quantificare la paura? E l'amore? Credo che un'emozione sia tale nel momento in cui non possiamo distinguere se sarà breve o infinita; le emozioni non possono essere emozioni se non sono atemporali e inquantificabili. Le decisioni importanti sono un'equazione molto capricciosa. Da una parte ci sono i dati tangibili – il meteo, le condizioni del terreno, le nostre capacità tecniche – e, dall'altra, quelli soggettivi. Per prendere una decisione dovremmo eliminare questi ultimi, ma mi sono accorto che nelle decisioni importanti mi ha sempre guidato più l'istinto che la ragione.

E così, dopo una decina di giorni, senza che me ne rendessi conto, la noia piano piano si è trasformata in uno stato di pace interiore. Non sento più l'angoscia di essere annoiato, di cercare con ansia come occupare le sei ore del pomeriggio; invece mi godo il tempo che si è fermato, una contemplazione diversa: osservo tutto, le montagne, i vicini, i miei compagni e me stesso; il me di ieri e il me di oggi, con calma, sapendo che oggi non sono prigioniero del tempo, ma che posso coniugare i verbi nella forma che mi sembra più consona, che posso aggiungere tutti i complementi e le subordinate che desidero nelle frasi dei miei pensieri. Senza orologio, ho smesso di cercare l'imprescindibile per approfondire il prescindibile, le cose che procrastiniamo e poi non ritroviamo più, che sono quelle che ci consumano la vita.

Approfitto di questi pomeriggi per fantasticare, per immaginare avventure che non vivrò mai e altre che forse vivrò; per pensare a quello che mi riserverà la vita nei prossimi anni. Soprattutto fantastico su di te, sulla possibilità di ammirare insieme gli incredibili panorami di questa mattina, sul sorriso che avresti sul volto se sciassi in un canale dietro il *lodge*, coperto da una neve soffice e leggera come una nuvola che ti dà l'impressione di volare. Non sento più il bisogno di chiamarti, come facevo i primi giorni, per raccontarti quello che hanno visto i miei occhi. Ho perso la cognizione del tempo e, ad ogni modo, quando una cosa necessaria diventa impossibile, scopri di poterne fare a meno. Questo non toglie però che mi piacerebbe mostrarti queste montagne, mostrarti quello che mi hanno fatto vedere i miei compagni... Forse un giorno potremo venire qui tutti e due insieme. Ci sono tante cose da fare! Adesso immagino solo la tua voce, il tuo sorriso, fare questi passi insieme.

Ieri notte la luna è andata via; siamo qui già da due settimane e cominciamo a sentirci pronti. Si può fare ancora molto nei dintorni, ma le uscite con gli sci di giorno cominciano a esaurirsi. Ieri siamo tornati da un'escursione di cinque giorni con la tenda, ma, per il resto, siamo sempre rimasti al *lodge*; la comodità di un letto, un tetto sulla testa e, soprattutto, il caldo di una stufa e muri di pietra che ti proteggono, sono una tentazione irresistibile per poterci rinunciare e andare a dormire in tenda. Con un equipaggiamento leggero, uno zaino con un litro d'acqua, un giubbetto ed eventualmente piccozze e ramponi, possiamo fare attività lunghe e interessanti – che richiederebbero tre o quattro giorni di tenda, cibarie e occorrente per cucinare – e tornare il pomeriggio a prendere il sole sulla terrazza del *lodge*.

L'escursione di cinque giorni ci è servita per renderci conto di quattro cose: la prima è che bisogna lasciare al *lodge* quello di cui si può fare a meno, compreso il cibo non strettamente necessario, due fornellini e i vestiti di ricambio. La seconda è collegata alla prima: si patisce la fame. La terza: di notte in tenda si sta stretti. La quarta è che, anche se si porta il minimo del peso, dieci chili si fanno sentire parecchio dopo qualche ora.

Stamattina sono andato al villaggio di Langtang, a poco più di un'ora di corsa verso valle, a comprare formaggio di yak. Abbiamo bisogno di un po' di proteine, visto che da quasi venti giorni ormai mangiamo esclusivamente *dal bhat*: dopo tutto questo riso e lenticchie cominciamo ad avere disperatamente voglia di un sapore diverso. C'eravamo portati un vasetto di proteine concentrate, una specie di polvere al gusto di cioccolato e caramello, ma era troppo buona e l'abbiamo finita la prima settimana. Ci mettevamo appena un po' d'acqua per darle consistenza e avere l'impressione di mangiare qualcosa di solido, e mischiavamo tutto finché non diventava un impasto denso.

Arrivato a Langtang, un villaggio tre volte più grande del "nostro" Kyanjin, con un paio di pasticcerie e un *lodge* dove vendono creme solari, rotoli di *taping*, fazzoletti di carta, biscotti al cioccolato... Entro in un edificio di pietra che si presume essere una delle pasticcerie, e invece è un *lodge* provvisto di forno con cui preparano qualche dolce e un po' di pane. Mentre mi faccio tagliare un bel pezzo di formaggio, mi siedo a prendere un tè caldo. Non abbiamo avvistato l'ombra di un occidentale da quando siamo arrivati, e mi sorprende vedere in un angolo della sala un uomo pallido, tutto infagottato, che muove nervosamente le mani e la testa. La sua guida si alza e mi viene vicino. È un uomo basso e piuttosto corpulento, simpatico, e, in un inglese più che corretto, comincia a parlarmi di un viaggio che ha fatto anni prima in Francia e in Italia, durante il quale ha imparato un bel po' di vocabolario. Del resto me ne dà prova, fra grandi risate.

L'uomo pallido resta nel suo angolo mentre converso allegramente con la sua guida. Forse pensa che anch'io sia nepalese; l'altro giorno, dei giovani portatori mi si sono rivolti in nepalese e non si sono accorti subito che non capivo niente di quello che mi dicevano. Sicuramente con la mia piccola statura, i capelli neri, la pelle scurita dal sole che quassù picchia forte e la barba lunga di un mese, assomiglio più a un portatore che all'uomo pallido seduto nell'angolo della sala. Alla fine si alza e, con passo esitante, viene da noi.

«*Ello! Ow are you?*» Non ho mai capito perché i francesi, quando parlano in inglese, per quanto sia avanzato il loro livello, non ce la fanno proprio a pronunciare la "h" aspirata!

«*Bonjour*, sei francese?» chiedo simulando stupore.

«*Oui*, sì, di Parigi. Cioè, di Lione, ma vivo a Parigi» dice l'uomo sorpreso. «Anche tu sei francese?»

«No, sono dei Pirenei catalani, della Cerdagna, sul versante spagnolo ma a pochi chilometri dal confine francese» aggiungo davanti al suo sguardo dubitante. «Però vivo in Francia da anni. Da dove vieni?»

«Oggi dal Lama Hotel. È stato faticoso arrivare fin qui: l'altitudine, il cibo, i sentieri di sassi... Penso di non poter salire più di così; e comunque, dopo c'è la neve. È molto dura già adesso, e non ho il fisico per questo genere di avventure.» L'uomo non è un ragazzino, ma non credo che superi i quarant'anni, anche se il suo aspetto sfinito gli dà qualche anno in più.

«Sì, sì, è dura, infatti» mento. «È la prima volta che vieni in Nepal?»

«Sì, cioè, in questa valle sì. In Nepal ci sono venuto già cinque volte. Ma di solito resto a Katmandu; questo è il terzo trekking che faccio. L'anno scorso ho fatto quello dell'Annapurna e cinque anni fa sono andato al campo base dell'Everest, ma è molto dura quassù, e poi è caro, carissimo, fra guide e portatori... Katmandu non costa niente; ci sto uno o due mesi e non spendo niente. E tu, è la prima volta che vieni?»

«Sì, per me è la prima volta. È un Paese meraviglioso: le montagne, la gente, il paesaggio... I miei compagni invece ci sono venuti già un sacco di volte; sono di casa, qui... Stiamo là» dico, indicando il fondo della valle, «nel villaggio sopra. Siamo arrivati da due settimane e forse ci restiamo altre due, per sciare.»

Mi guarda sorpreso.

«Con gli sci! Sì, forse... Se c'è neve, forse sì che si può sciare...» L'uomo guarda a destra e a sinistra con una certa diffidenza e, accostandomisi di più, continua. «Però bisogna stare in campana in questo Paese, è pieno di batteri. Qui non si lavano le mani e dormono con tutta la famiglia nello stesso letto, a volte senza nemmeno togliersi i vestiti... Meglio fare attenzione perché è facile prendersi qualche malattia... In questi cinque viaggi mi è capitato di vederlo un sacco di volte. È un Paese meraviglioso, ma bruciano l'immondizia per strada, si trasmettono le infezioni con gli abbracci... Si toccano parecchio, hai visto? La gente si abbraccia, si bacia, si tocca, senza prendere nessuna precauzione. Sta' attento, fai sempre bollire l'acqua prima di bere o mettici dentro una pasticchetta. Qua la situazione è ancora più difficile perché non ti puoi neanche fare la doccia, ma tu, se stai con altra gente, fai comunque in modo di lavarti...»

Le argomentazioni dell'uomo pallido mi infastidiscono e do un taglio alla conversazione. Mi ricordo che Thomas mi ha raccontato che l'unica volta in vent'anni che ha avuto un problema di salute è per aver bevuto al fiume vicino a Katmandu, e ha sofferto di diarrea per tre o quattro giorni.

Mi viene da ridere quando la gente si scandalizza vedendoci bere direttamente l'acqua da un ruscello. Perché le mucche così, perché gli animali colà, perché la mineralizzazione... Ma da dove pensano che arrivi l'acqua delle loro bottiglie? Se l'acqua intorno a Barcellona o a Katmandu non si può bere non è per gli animali, ma per quello che buttiamo noi nei fiumi. Che bello andare in alta montagna o in zone selvagge del Sudamerica oppure nei Paesi scandinavi, dove i fiumi arrivano vergini al mare, dove puoi bere in tutti i ruscelli. Abbiamo distrutto gran parte di quello che è più necessario per la vita e, non contenti, ci allarmiamo se troviamo dell'acqua pura.

Esco dal *lodge* con il pezzo di formaggio e comincio a risalire di corsa verso Kyanjin. Langtang è a soli quattrocento metri più a valle, ma il clima è completamente diverso. Girando nella valle, il vento freddo dei ghiacciai si disperde e il caldo tropicale arriva con un'aria secca e torrida. Prendo a salire e la schiena e le gambe mi si inzuppano immediatamente di sudore. Mi tolgo i pantaloni e il giubbotto, me li lego alla vita e rimango in mutande, facendo ridere le vecchie del paese. Così sto molto meglio! Il vento mi scivola addosso, le gambe mi fluttuano nell'aria, guadagno terreno con facilità e i polmoni mi si riempiono di ossigeno a ogni inspirazione. Posso spingere il mio corpo avanti a grande velocità e in poco meno di un'ora sono di nuovo a Kyanjin. Sembra impossibile credere che una settimana fa siamo saliti fin qui sbuffando per l'affanno, con le gambe pesanti per la carenza di ossigeno, e che ci abbiamo messo quasi due ore e siamo arrivati stanchissimi. È incredibile come il corpo umano sia capace, con il tempo, di abituarsi e adattarsi alle condizioni che incontra. Poco prima di arrivare in paese, incrocio un gruppo di coreani. Sono una decina, fra uomini e donne, e procedono goffi per il sentiero che porta ancora i segni della forte nevicata della notte in cui siamo arrivati. Un po' più su, quando comincio a vedere le case colorate di Kyanjin sulla morena, incontro una coppia di nepalesi con una figlia preadolescente, che portano grandi sacchi legati alla testa. Mentre li supero, l'uomo mi ferma afferrandomi per la mano.

«*Namastéeee*! Tu non sei uno degli sciatori?»

«Sì. Come corrono le notizie per queste valli! *Namasté*.»

Gli rimango a fianco e parliamo fino al paese: sono i proprietari della pasticceria davanti al *lodge*. Finalmente potremo mangiare qualcosa di dolce! L'inverno è ormai prossimo al suo epilogo; la vita comincia a salire dalle valli e dalle città, e il paese si predispone ad accogliere la valanga di turisti che arriveranno in primavera.

Una volta in paese, ci salutiamo con la promessa di ritrovarci in pasticceria quel pomeriggio per una buona fetta di torta al cioccolato. Davanti all'ingresso del *lodge* vedo una ventina di portatori seduti sui gradini, con grandi sacchi mezzi disfatti accanto. Per terra ci sono pentole, piatti, vestiti, bacchette cinesi, pacchi di riso, patate, verdure fresche e perfino pesce abbastanza fresco. Mentre alcuni uomini portano il contenuto dei sacchi in cucina, altri ne approfittano per riposarsi e mangiare un *chapati*. Uno dei portatori ha tirato fuori un pacchetto di cioccolatini e caramelle e li divide con i compagni, che li prendono entusiasti come bambini all'uscita di scuola. C'è chi comincia a divorarli immediatamente, chi se li mette nelle tasche dei pantaloni, conservandoli per la lunga discesa o per i figli... Poco dopo, con i sacchi vuoti e il lavoro finito, riprendono la strada per tornare a valle e spariscono presto alla vista.

Dentro al *lodge* trovo Thomas e Alexandr intenti a studiare l'unica mappa della zona che abbiamo, già piena di segni e di appunti su giorni e dislivelli accanto alla legenda, con le previsioni del tempo sul tavolo. Discutono tranquillamente: dopo tanti pomeriggi di silenzio interiore, questo è il segnale che le cose si stanno muovendo.

«Che succede?»

«Sembra che stia per arrivare una finestra senza vento ad alta quota... e ci resta poco tempo.»

Faccio un veloce calcolo mentale: siamo in Nepal da venti giorni e il biglietto di ritorno e – cosa più importante per noi – la fine dell'inverno ci lasciano un margine di manovra di soli dieci giorni.

«Quando si parte?» chiedo. Già da un paio di giorni respiravamo agitati nella calma, eccitati al pensiero che presto avremmo iniziato la scalata.

«Senti, quando dobbiamo attaccare la cima?» dice Alexandr come se non avessi mai interrotto la loro conversazione.

«Il giorno migliore sembra l'11» risponde Thomas. «11, attacco, 10, 9... Dovremmo partire da qui il 9.»

«Due giorni per arrivare ai piedi della parete!? Voi forse ce la fate, ma io ho bisogno di più tempo. Decidete voi quando partire, ma lasciatemi un giorno di vantaggio.»

«Ok, ok... noi partiamo dopodomani. Tu parti domani allora?»

«Domani mattina.»

Dalla finestra vediamo arrivare i coreani, in fila indiana, che schivano la neve del sentiero seguendo letteralmente le orme della guida, anche lei coreana. Il branco entra rumorosamente nel *lodge* sparpagliando su tavoli, sedie e pavimento i scintillanti indumenti di gore-tex e gli scarponi sporchi di fango. Si siedono muovendo sedie e panche, e si sistemano intorno alla stufa relegandoci in un angoletto della sala. Dai pacchi lasciati dai portatori tirano fuori tutto l'occorrente per coprirsi e andare a fotografare la notte incantata che si sta levando dietro le finestre. Uscito l'ultimo coreano, le due guide si lanciano in un agitato andirivieni fra sala e cucina, riempiono i tavoli di pentole e fornelli e iniziano a tagliare verdure e pesce e a preparare dei gamberi con salse rosa e verdi. Mentre, nel nostro angolo, stiamo per finire, per il quindicesimo giorno consecutivo, l'ennesimo piatto di *dal bhat*, i coreani rientrano e si siedono al lungo tavolo, apparecchiato con bacchette e vassoi di metallo a scomparti che permettono di tenere separati i cibi, e quindi di non mischiare i sapori. Una buona cena come a casa, a più di quattromila metri di altitudine, non ha prezzo! Un vero esempio di immersione culturale!

«Avrebbero potuto restarsene a casa a guardare un documentario del National Geographic... Tanto era uguale» commenta Alexandr un po' tra sé e sé, un po' verso di noi, soffiando sul *masala chai* e cercando di vincere il sonno.

Il giorno dopo, le strisce di neve che il vento ha disegnato sulle cime più alte ancora non sono scomparse. Il cielo turchese senza striature bianche annunciato dalle previsioni meteorologiche per i prossimi quattro o cinque giorni ancora non è arrivato, ma probabilmente lo vedremo presto. Sarà l'ultima finestra che avremo a disposizione prima della fine dell'inverno. Non ce la possiamo perdere. La riuscita dell'impresa dipenderà da quello che ci portiamo dietro. Che cosa dobbiamo prendere? Che cosa dobbiamo lasciare? I nostri zaini sono da quaranta litri. Quello che uno si porta dietro dipende sempre dalle dimensioni dello zaino: più grande è, più cose ti porti. È per questo che abbiamo deciso di prenderci degli zaini piccoli, per non essere avidi e non rischiare di portare più peso di quanto sia necessario. Adesso farci entrare tutto sarà un'impresa. La tuta di piumino per sopportare il freddo in alta quota già occupa metà dello spazio. Il sacco a pelo un'altra buona parte, e per fortuna che è leggero. Ricordo che, prima di partire per Katmandu, Thomas si era presentato a casa mia con una busta del supermercato e un sorriso che gli andava da un orecchio all'altro.

«Guarda che ho trovato!» Aveva tirato fuori dalla busta un involto grande come una palla da pallamano e me lo aveva lanciato dicendomi: «Pesa solo mezzo chilo!».

Un paio di guanti fini, un altro paio grossi, uno a manopola, calzettoni e cappello completano il mio equipaggiamento, quello che mi farà sopportare il freddo invernale sopra i settemila metri. Porterò anche una lampada frontale per illuminare le notti, un occhiello in dyneema, un moschettone e una vite da ghiaccio per assicurarci se mai cadessimo in un crepaccio; ramponi d'acciaio che ho affilato prima di partire e due piccozze per poter affrontare le salite più impegnative; occhiali da sole, maschera da sci, crema e burrocacao per proteggermi dalle radiazioni solari, particolarmente forti dove l'aria è più rarefatta, e un materassino per non stare a contatto diretto con la neve. Dividiamo il cibo e l'attrezzatura comune in tre parti uguali; a me toccano i pali della tenda, due cartucce del gas, il necessario per la colazione, otto pacchetti di biscotti Oreo, e il cibo per il giorno: un carbogel e una barretta energetica.

Thomas e Alexandr si spartiscono il resto: la tela della tenda, un jetboil, un cucchiaio, venti metri di cordino da cinque millimetri e quattro razioni di cena per ciascuno, composta ognuna da cento grammi di cibo liofilizzato o cinese.

Per tutta la mattinata continuo a fare e disfare lo zaino come se giocassi a Tetris fino a quando non riesco a farci stare tutto. Resta fuori solo il materassino, legato su un lato.

Lo soppeso; non è leggero, saranno dieci chili. Provo a vedere se posso togliere qualche altra cosa; potrei alleggerirlo ulteriormente ma rischierei di patire freddo e fame, che già così saranno consistenti. Mi consolo pensando alle centinaia di chili di carico che si accollano i portatori delle altre spedizioni per affrontare queste cime, e cerco di convincermi che questi dieci chili sono poca cosa, ma ne sento già il peso al solo pensiero di averli sulle spalle per i prossimi giorni.

Non so se portare questo quaderno per appuntare quello che vedrò; la mia fotocamera compatta è rimasta senza batterie ed è un peso morto. Thomas è l'unico a prendere la sua. Decido di lasciare il taccuino al *lodge*; il ricordo altera tutto, ma le immagini della memoria saranno per sempre la mia verità.

Alexandr parte a metà mattina, non appena abbiamo finito di preparare tutto e di fare colazione con pane tibetano e miele. Prende lo zaino, ci lega dietro gli sci e, girandosi dopo quattro passi, dice: «Ci vediamo dopodomani sera ai piedi del valico di Haggens».

«Sì, ci vediamo lì. Se per la seconda sera non siamo ancora arrivati, vuol dire che qualcosa è andato storto e quindi è meglio che fai dietrofront.»

«Va bene, rimaniamo così.» E si mette in cammino.

Il giorno passa veloce mentre finiamo i preparativi e a metà pomeriggio approfittiamo della pasticceria aperta per andare a gustarci una fetta di torta al cioccolato: è piuttosto granulosa, ma, dopo tanti giorni, ci sembra una prelibatezza raffinata! In più ci aspetta una bellissima sorpresa. Su una delle scansie vediamo una serie di libri lasciati dai turisti: due in giapponese, uno in nepalese, un romanzo d'amore e d'avventura in italiano, un Murakami in inglese, *L'eleganza del riccio* in francese e un paio di libri in tedesco. Ci offriranno qualche ora di distrazione. Uscendo dalla pasticceria ci accorgiamo che il cielo è completamente coperto di nuvole nere. Poco dopo sentiamo il rombo dei tuoni e cominciano a cadere i primi fiocchi di neve. Alexandr ci ucciderà, ci starà maledicendo, che ore sono? A questo punto avrà già montato la tenda, almeno spero...

Per noi, è ancora meglio; se domani il tempo sarà bello, con la neve che avrà coperto le rocce potremo attraversare più facilmente il fondo della valle... Sperando però che non sia troppo soffice, perché in quel caso dovremo aprire la traccia... E se invece dovesse continuare a fare brutto? Spero che Alexandr torni indietro se il tempo non migliora.

Con un'infinità di dubbi e domande in testa, me ne vado a dormire subito dopo cena. Thomas sembra tranquillo, è convinto che domani sarà bello, ma il cielo non promette nulla di buono.

Sono a letto, dentro il sacco a pelo, l'unica cosa che mi manca da piegare e infilare nello zaino, pronto accanto al letto. Ripasso mentalmente il suo contenuto: sì, credo proprio di aver preso tutto. So che patirò la fame ma so anche che fra cinque o sei giorni sarò tornato e potrò mangiare quello che voglio; be', quello che voglio proprio no, al massimo *dal bhat*, che è comunque cibo caldo. Quello che più mi preoccupa è il freddo. Ho paura, o per lo meno sono preoccupato, non di sentire freddo – è inevitabile e alla fine ti abitui – ma dell'ipotermia e che mi si congeli qualche dito del piede. I miei compagni si sono giocati delle dita in montagna. Proprio oggi pomeriggio mi raccontavano come era successo: «C'era una grinza in un calzino; mi stringeva e non arrivava il sangue. Ero stato molte ore al gelo e non me n'ero accorto, sentivo un freddo normale, ma a un certo punto non avevo più sensibilità al piede, come quando sei sulle Alpi. E così, venti ore dopo, mi sono tolto gli scarponi e ho visto un dito nero». Io non voglio perdere nessun dito, anche se so che potrei comunque tornare a correre e a scalare. Ma se non dovesse essere così? Reimparare la propriocezione, a camminare, ritrovare l'equilibrio... Mi dicevano che le sentono ancora, le dita amputate. Il dito non esiste più fisicamente, ma il cervello ancora gli trasmette ordini. È come quando perdiamo qualcuno. È come io sento te.

No, non voglio perdere niente. All'inizio dell'inverno sono stato stupido. Erano i primi di dicembre. Volevo degli scarponi più leggeri ma siccome andavo di fretta, come sempre del resto, mi sono sbagliato e li ho comprati di un numero inferiore al mio. Insomma, alla fine, per far entrare il piede, ho dovuto tagliare la punta della scarpetta interna e così le dita si sono trovate direttamente a contatto con il carbonio. Sono andato in montagna e ho fatto una grande scalata sul versante nord dello Chardonnet. Faceva freddo, ma si sopportava. I piedi avevano cominciato a farmi male non appena mi ero messo in moto, ma arrivato alla parete il dolore era sparito. Quando avevo iniziato a salire, non sentivo i piedi caldi, ma pensavo fossero diventati insensibili al freddo e non avevo dato importanza alla cosa. Era una linea così bella da sciare, vergine, una nuova via, e quindi non potevo, a metà salita, tornare indietro e perdermi quella occasione perché avevo freddo ai piedi! Di sera, tornato a casa, appena i piedi hanno cominciato a riscaldarsi ho sentito un dolore insopportabile, delle stilettate che mi venivano dall'interno, dal midollo dell'osso. Dovevo mordere il cuscino e metterli alternativamente in acqua fredda e calda per sopportare il dolore, che durò una buona mezz'ora. Da quella volta gli alluci mi sono diventati più sensibili e alle basse temperature si raffreddano molto più velocemente del resto. Non voglio giocarmeli! Mi servono! Ho gli alluci grandi, larghi quasi quanto quattro dita del piede messe insieme. Perché il gelo non attacca il mignolo? Mi crea sempre fastidi, d'estate non c'è una volta che non cacci fuori una vescica quando faccio una corsa lunga, e non mi serve a niente. Se devo perdere un dito, preferisco perdere il mignolo.

Gli scarponi che porto non mi stringono il piede. E neanche mi vanno grandi; posso sciare perfettamente. Ho preso un numero più grande, un 26, ma la scarpetta interna continua a essere troppo sottile. Ne avevo una molto più spessa e calda, ma mi stringeva troppo, e con il freddo è importantissimo che il sangue circoli senza problemi. Se avessi avuto più tempo avrei potuto prendere un numero più grande, un 27 o un 27 e mezzo, per poterci infilare questa scarpetta. "Se avessi avuto più tempo?" Porca miseria, non ho mai tempo per le cose importanti! Rischio di perdere le dita dei piedi! Ne dedico un sacco a cretinate che potrei fare in qualsiasi momento, e invece delle cose importanti mi rendo conto sempre dopo, e sono proprio quelle che non ti danno una seconda possibilità.

Ho fasciato la parte anteriore dello scarpone con tre strati di nastro adesivo per isolarla meglio dal freddo. Ci ho infilato dentro una soletta per separare un po' più il piede dal suolo, e infine mi sono messo anche un copriscarpa in neoprene. Basterà? Se avessi avuto tempo...

Il giorno si leva come aveva previsto Thomas: il sole inonda il cielo. Thomas, però, è nervoso; le previsioni parlano di instabilità malgrado Kalsang ci dica che ci sarà una settimana di sole. Non si sente tranquillo. Ci restano pochi giorni e cominciano a girarci in testa altre possibilità. Possiamo arrivare in cima in meno tempo? Non con il peso che portiamo, ma se dormissimo di giorno e ci muovessimo di notte? In quel caso non avremmo bisogno né di tenda né di sacchi a pelo. Ma forse sarebbe troppo "hard rock". Roso dai dubbi, scendo a valle con gli sci per vedere se Alexandr sta tornando indietro; sembra ormai deciso, oggi non partiamo. Costeggio il fiume. Con il sole, è tornato un caldo afoso e si affonda nella neve di una spanna a ogni passo, rendendo difficile il cammino. Un'ora dopo mi viene in mente che, se Alexandr sta rientrando, arriverà molto più tardi e così me ne torno al villaggio.

Trovo Thomas in pasticceria a bere un caffè e a leggere un vecchio numero dell'*American Alpine Journal*. Io prendo il romanzo in italiano. Leggiamo in silenzio, ognuno combattendo una battaglia interiore sulla migliore decisione da prendere: aspettare o partire.

«Guarda!» dice poi Thomas, passandomi la rivista aperta su una pagina con una foto in bianco e nero del Bhagirathi, una delle cime più belle della Terra, alle sorgenti del Gange.

«Vuoi andare in India?»

«No, guarda, leggi il testo.»

Nella pagina a fianco vengono riportati stralci di carteggi fra alpinisti famosi. Il quesito è: il massimo livello di scalata sportiva e mista porterà a grandi aperture sull'Himalaya? Anche se la rivista risale a una decina di anni fa, il dibattito continua a essere attuale. Gli ottimisti profetizzavano grandi aperture che non si sono mai realizzate, e gli eclettici difendevano l'incremento del grado di difficoltà a detrimento del grado di esposizione e di impegno che si voleva raggiungere, passaggio indispensabile per poter segnare una svolta nella scalata sulle grandi montagne. Ripasso tra me e me nella testa lo scambio che abbiamo avuto qualche giorno fa sull'etica nell'alpinismo.

«Guarda alla fine della pagina.»

Salto le righe per arrivare a una formula che è stata sottolineata con la matita. T-A=0. Steve House spiega la sua equazione: «*Talk minus action equal zero*», parlare senza agire è uguale a zero.

«Dobbiamo partire!» esclamo.

Pronti, attenti, via! E vediamo che succede. Se ci fermiamo a pensare a quello che può accadere, se ci mettiamo a parlare, non faremo mai niente. Per poter agire, dobbiamo uscire allo scoperto.

«Se siamo alpinisti, è perché non ci piace la comodità, non ci piace il *prêt-à-porter*, non ci interessa sapere con certezza quello che succederà. Se siamo alpinisti, è perché non ci limitiamo a formulare teorie, ma le sperimentiamo sulla nostra pelle.»

«Se parliamo solo di stile, di sogni e di progetti ma non andiamo a cercarli, non potremo mai sapere se una cosa è possibile. Nessuno mi dirà mai: "Il momento giusto è adesso, oggi, ed è così che si deve fare", perché dove stiamo andando noi non ci è ancora andato nessuno, e l'unica realtà è che dobbiamo muoverci per scoprirlo da soli. L'unica realtà è sulla nostra pelle, lassù, non nei nostri pensieri o sui libri. I sogni diventano realtà quando osiamo prenderceli, non quando da vecchi ricordiamo quelli che avevamo. Lassù riusciremo ad adattarci alle situazioni che troveremo, ad affrontare gli imprevisti per proseguire, oppure decideremo di tornare indietro, ma, senza il primo passo, il secondo non si può fare.»

Usciamo dalla pasticceria e andiamo al *lodge*. È pomeriggio inoltrato e il cielo è ancora terso, stanotte non ci saranno temporali. Ma partire ora vorrebbe dire comunque passare una notte all'addiaccio, senza tenda e senza cibo, vorrebbe dire perdere subito le forze. Se partiamo domani, troveremo Alexandr sulla via del ritorno ("se per la seconda sera non siamo ancora arrivati... meglio che fai dietrofont"). Forse aspetterà il nostro arrivo fino a sera inoltrata e, non vedendoci, passerà la notte lì e all'alba si metterà in cammino per tornare. Dobbiamo arrivare ai piedi del valico di Haggens prima del sole.

«Partiremo dopo cena» sentenzia Thomas. «Così ci muoveremo di notte approfittando della neve indurita dal freddo. Se va tutto bene, arriveremo da lui all'alba, prima che si alzi.»

«Gli giochiamo proprio un brutto scherzo, adesso che avrà fatto la bocca all'idea di un pasto caldo!»

9
Jolly Roger

Libertà implica non dover seguire nessuno, non è così?
Dovete essere liberi di indagare, e non accettare,
non affidarvi a una guida, a un sistema, a un salvatore,
a un guru. Libertà implica che abbiate la capacità
di indagare, non quello che dicono gli altri,
ma di indagare dentro di voi.
Krishnamurti

La notte è nera; nel cielo, il chiarore delle stelle non basta a rischiarare le montagne dei dintorni, che si distinguono dal cielo solo attraverso ombre più opache che nascondono le stelle. L'orbita della luce della lampada frontale sulla neve ondulata è l'unica cosa che illumina di bianco un paesaggio nero. Mentre cominciamo l'ascensione in bianco e nero, tra le ombre, ci accarezza un vento leggero che scende verso il fondovalle. Il paese è silenzioso; le case sono buie mentre sgusciamo tra i vicoli, se si possono chiamare così gli spazi di fango e terra che separano i muri esterni delle case. Tutti dormono e nessuno ci vede mentre usciamo dal paese e ci inerpichiamo sulla montagna. Anche Kalsang ha spento le luci del *lodge* e ha chiuso la porta dietro di noi. Quando, dopo cena, gli abbiamo detto che stanotte non avremmo dormito lì, che dopo il tè, alle nove, saremmo andati in montagna, ha scosso ripetutamente la testa da una parte all'altra.

Continuiamo a camminare tra le case; siamo ancora a Kyanjin, ma lontani dal paese. Lasciamo il villaggio carichi di peso sulla schiena, ma anche di entusiasmo. La neve si è indurita con il freddo della notte e possiamo procedere a un buon ritmo con gli sci ai piedi, senza affondare, senza quasi lasciare tracce dietro di noi. Il silenzio assoluto è rotto solo dallo scricchiolio degli sci sulla neve dura. Sono testimoni della nostra processione soltanto alcuni yak mezzi addormentati e qualche volpe sulle tracce di una preda. Ma anche loro, poco dopo, ci abbandonano mentre ci addentriamo nell'immensità della notte, del gelo e delle valli.

Saliamo seguendo il corso del fiume sul fondo dell'ampia valle, che forma un grande pianoro largo circa cinquecento metri e lungo una decina di chilometri, con un dislivello minimo. Procediamo veloci guidati dal suono e dal colore scuro dell'acqua notturna sulla destra, che allerta la nostra attenzione con i suoi meandri capricciosi. Siamo concentrati a individuare i punti in cui il fiume è abbastanza stretto da consentirci di saltare o sufficientemente largo da poterlo attraversare senza bagnarci grazie a qualche pietra che emerge dall'acqua bassa, o più avanti grazie a qualche ponte di neve indurita dalla notte, che copra parzialmente l'acqua e ci permetta di passare sull'altra sponda senza il rischio che ci si sgretoli sotto i piedi.

Il fiume si nasconde completamente sotto la neve quando iniziamo a salire lungo una valle più chiusa e scoscesa, e ci lasciamo dietro il grande pianoro. Da lì in poi, l'unica acqua che troveremo da bere sarà quella che scioglieremo con il fornellino. Tra grandi blocchi di roccia e ghiaccio, troviamo la nostra strada seguendo il fondo della valle, che gira verso nord per portarci sulle grandi morene del ghiacciaio del Langtang.

Dopo quattro ore raggiungiamo un altro pianoro, molto più piccolo del precedente, ma grande abbastanza da indurre gli abitanti della regione, anni fa, a prendere in considerazione la possibilità di stabilirvisi o, almeno, di costruirvi qualche casa per passare le estati mentre gli yak erano al pascolo. Oggi ci sono solo le rovine di due *yarka*, le case tradizionali tibetane. Restano solo qualche pietra delle pareti e le macerie dei soffitti crollati. L'unico segno di vita viene delle bandiere di preghiera che ondeggiano al vento. Un tempo era un paese di pastori, animato dalle risate allegre dei suoi occupanti e illuminato la notte dalle stufe a legna, ma adesso è abitato solo dal suono del vento e dal riflesso delle stelle sulla neve. Nel bel mezzo del pianoro, solitario, immobile come una scultura greca di marmo, imperturbabile di fronte al freddo, al vento, al buio della notte e alla mancanza d'acqua, si staglia un vecchio yak nero che, senza scomporsi, ci osserva passare e fermarci a mangiare una barretta in silenzio accanto alle *yarka*. Davanti a noi, una grande muraglia di roccia e ghiaccio si innalza nell'oscurità.

«È il Pemtang Karpo Ri, che in nepalese significa "la montagna dove vanno a morire gli yak"» mi dice Thomas guardando l'ombra proiettata dalla parete che copre le stelle.

Senza perdere tempo – di sicuro Alexandr non esiterà a tornare indietro se non ci vede la mattina presto –, continuiamo a procedere verso il ghiacciaio tra le grosse morene di blocchi di pietra scomposta. Lontani ormai da ogni traccia umana e persino animale, l'immensità che ci rende insignificanti mi fa provare un senso di libertà profonda, e al tempo stesso mi opprime terribilmente.

Da qui in poi, la valle si trasforma in una stretta gola coperta di neve che sale velocemente. Il silenzio è rotto dalla voce del vento che comincia a fischiare sulle pareti della gola. Saliamo senza parlare; ormai siamo in cammino da più di quattro ore e, dopo l'eccitazione per l'inizio dell'avventura, il corpo si è via via calmato e mi ricorda che la notte è fatta per dormire. Senza la distrazione del paesaggio, senza le luci e con il cervello scollegato che pensa più a riposare che a scalare montagne, l'unico modo per continuare ad andare avanti è contare in silenzio ogni passo. Arrivare a cento e ricominciare, all'infinito. Procedo un centinaio di metri davanti al mio compagno, che adesso è un punto luminoso che oscilla nell'oscurità, finché non arrivo alla fine della gola. Il vento non è molto forte, ma è freddo e cavalca il fondovalle congelando tutto ciò che incontra sulla sua strada. Mi sveglia un po' e gliene sono grato, ma devo fermarmi subito per coprirmi. Apro lo zaino e tiro fuori la tuta di piumino. Mi tolgo gli sci e gli scarponi e mi metto addosso i due chili e mezzo di piumino. Il freddo mi passa subito. Mi guardo: sembro l'omino della Michelin. Mi sento ridicolo vestito così, una palla di piume ambulante in una notte fredda di inizio marzo in un Paese così lontano. Ho sonno; sono con due amici ancora più suonati di me, e ci dirigiamo verso l'impossibile. Che cazzo ci faccio qui? Ma subito penso: «E dove starei meglio?». Mi rimetto gli scarponi e quando riprendo a salire sono contento di aver alleggerito lo zaino. Senza tracce nell'oscurità a indicarci la direzione in cui salire, ora che la valle è di nuovo ampia e con la forma delle vette duemila metri più in alto come unico riferimento, zigzaghiamo tra piccole ondulazioni e massi grandi come camion, arrampicandoci sul versante sinistro della valle per raggiungere le morene e facilitarci il percorso. Superiamo un forte dislivello ed entriamo in quella che apparentemente è una conca più stretta, l'ultima. A sinistra, le ombre disegnano cime uniformi e, a destra, un caratteristico triangolo che deve indicarci il cammino. Mi giro per aspettare Thomas e, dietro di me, vedo un'altra valle che continua più in basso, verso nord, con una vetta triangolare ancora più caratteristica.

«Quello sembra il Triangolo, vero?» grido indicando la cima dietro di noi. «Non dovremmo passare dalla valle là sotto? Che dici?»

«Cavoli, sì che lo è! Ci pensavo mentre salivo» dice, puntando il dito verso una vetta davanti a noi. «Cazzo! Siamo saliti parecchio, dovremo scendere di circa trecento metri. Come se già non avessimo abbastanza strada da fare!»

«*More kilometres, more fun, Thomas!* Più chilometri, più divertimento! Dài, non esagerare! Se scendiamo in diagonale, credo che arriveremo direttamente sulla morena giusta. Non dovremo scendere molto, due o trecento metri al massimo.»

A dirla tutta, stavamo risalendo la valle sbagliata, una valle secondaria che andava a morire alcuni chilometri più in alto, verso est. Scendiamo da un pendio poco inclinato coperto di neve soffice e abbondante. Il peso dello zaino e il buio non sono buoni alleati quando si deve scendere con le pelli di foca, e cado diverse volte finché non arrivo su una grande morena.

«Adesso sì, che siamo su quella giusta!» esclamo voltandomi indietro, mentre un punto luminoso si ferma e accelera a più riprese il passo sulla neve.

Vado avanti per un centinaio di metri sulla morena e all'improvviso scorgo nella neve, molto nette, delle tracce di sci. «Alexandr dev'essere passato da qui la prima notte!» esclamo in direzione della luce che senza sosta mi si avvicina sempre di più.

Comincio a seguire le impronte più rilassato, sollevato dallo sforzo di dover intuire il percorso nel buio. Metto gli sci nelle due scanalature e spengo la parte del cervello destinata al pensiero. Lascio attive solo le gambe, che procedono a un ritmo costante, e metto in pausa il resto del corpo. Il sonno riprende le redini del mio corpo e vado avanti per inerzia sui pendii innevati, mentre le ombre delle montagne cominciano a illuminarsi lasciando emergere i loro rilievi.

Dopo un'ora, non vedendo apparire la tenda, Thomas decide di fermarsi a fare un pisolino per riposarsi un po' e continuare più fresco. Io non mi fermo, preferisco aspettare il caldo del giorno per fare un sonnellino più tranquillamente. Mangio un carbogel sperando che l'alta dose di zuccheri mi svegli abbastanza per continuare finché il sole non mi permetterà di fermarmi, e proseguo a un ritmo monotono.

Cinque minuti dopo, ormai a cinquemila metri, in un piccolo spiazzo della morena, protetta da due grandi massi di granito arancione, vedo la tenda di Alexandr, ancora al buio. Arrivo davanti all'entrata e lascio cadere a terra lo zaino. Mi ci siedo sopra e ne approfitto per mettermi un po' di neve in bocca mentre gli occhi mi si chiudono dal sonno. Passano pochi minuti e comincio a sentire dei movimenti nella tenda e, qualche secondo dopo, Alexandr si affaccia con gli occhi ancora mezzi chiusi.

«Allora? Siete già qui?» dice mentre inizia a piegare il sacco a pelo e io gli passo mezza dozzina di biscotti per fare colazione. Il sole comincia a spuntare sulle creste più alte delle cime, formando nuove stelle arancioni che ricoprono una profonda valle immersa ancora in una fredda penombra. Nel frattempo arriva Thomas e, con poche parole, finiamo di smontare la tenda e ci mettiamo di nuovo in cammino. Continuiamo a seguire il rilievo della morena, salite e discese interminabili, alla ricerca di una via tra crinali di rocce coperti di neve e grandi e profonde fessure, zigzagando nel ghiacciaio e con la sensazione costante di perdere tempo facendo dei giri a destra e sinistra senza avanzare davvero. Nel frattempo, il sole, che è sceso lentamente lungo le pareti meridionali, si sistema comodamente e inonda tutto il ghiacciaio di un caldo confortevole e una luminosità persino eccessiva, donando un'aria di accessibilità e dolcezza a tutto ciò che abbiamo intorno. La valle si inerpica sulla sua lingua finale e possiamo salire sulla morena del margine destro per avanzare in maniera più uniforme, un centinaio di metri al di sopra del ghiacciaio, in linea retta verso nord.

Attraversiamo il fianco a un ritmo tranquillo su una zona delicata molto ripida con tratti di roccia, una cinquantina di metri più su di una vecchia spaccatura ormai molto ampia. Poco fa, con la neve dura, questo tratto doveva essere spaventoso, ma adesso, con la neve ammorbidita dal sole, gli sci affondano per due o tre centimetri e ci danno sicurezza. La parete di neve è tagliata da due creste di massi, che attraversiamo senza toglierci gli sci, per pigrizia o perché abbiamo ancora sonno, lasciando un'inconfondibile scia di peli blu delle pelli di foca che grattano sulle creste delle pietre. Passo tranquillamente su questo ripido pendio di neve e roccia con la facilità che mi dà la tecnica acquisita in anni di gare, pensando che forse ora, con il caldo e protetto dal vento, potrei fermarmi a fare il riposino che ho rimandato sin da quando eravamo alla tenda, per il freddo, la scomodità della notte o la voglia di arrivare in una zona più sicura. Credo che adesso sia un buon momento; come minimo ci mancano ancora tre o quattro ore prima di arrivare in fondo al ghiacciaio, dove dovremo iniziare a salire verso il valico di Haggens e l'ascensione sarà più pericolosa. Al nostro ritmo, se mi fermo un'ora a dormire, avrò il tempo di riprendere i miei compagni prima che ci arrivino e potremo fare la salita tutti insieme.

Finita la traversata con poca fatica, raggiungo un piccolo valico, lascio cadere lo zaino su dei massi che spuntano dal ghiacciaio, e mi siedo ad aspettare i miei compagni. Vedo apparire Thomas che pian piano mi arriva accanto.

«E Alexandr?» chiedo.

Thomas si gira tranquillo: «Dev'essere lì lì per arrivare; era dietro di me».

Sì, in effetti, ricordo che l'ultima volta che ho guardato, passando sulla seconda cresta di roccia, Alexandr era proprio dietro a Thomas, e non è trascorso molto tempo da allora. Alexandr dovrebbe già essere in vista o apparire tra pochissimo. Sono preoccupato. Intanto Thomas lascia cadere il suo zaino accanto al mio.

«Vado a vedere, d'accordo?» dico mentre comincio a tornare indietro con gli sci. Com'è bello sciare senza il peso dello zaino! Che leggerezza! Continuo a seguire le mie tracce per una cinquantina di metri fino alla zona più ripida. Appena prima di arrivare al crinale di roccia, vedo un'impronta, all'altezza delle tracce, un piccolo buco, come se qualcuno avesse affondato la borraccia nella neve per riempirla o appoggiato un ginocchio per riposarsi. Però il segno è troppo in basso: può essere solo un colpo dato con una mano che cercava di aggrapparsi. Guardo giù e vedo un paio di buchi nella neve distanti cinque o sei metri l'uno dall'altro, in linea retta verso il fondo del ghiacciaio, che poi spariscono dietro a una piccola parete di roccia. Merda! E cos'è quella cosa che brilla a metà discesa? Una piccozza?

«È caduto!» grido e, senza aspettare la risposta, comincio a scendere seguendo i segni della caduta, virando con attenzione, ma con il battito accelerato per l'agitazione. Arrivo dove c'è la piccozza e la prendo per aiutarmi a scendere, attraverso con cautela la zona di rocce e, in fondo all'ampia fessura, vedo Alexandr che si alza lentamente.

«Stai bene?» urlo affrettandomi per raggiungerlo il prima possibile.

«Sì, sì. Non è niente» bisbiglia lui, stordito, quando gli arrivo accanto. Si alza prendendo lo zaino e lamentandosi per un dolore alla gamba. Respira profondamente piegandosi con i gomiti sulle ginocchia. Guardo per vedere se ha qualche altra contusione, ma lui ribadisce di stare bene e in silenzio comincia a salire lentamente, facendo dei respironi e zoppicando visibilmente. Salgo a tranquillizzare Thomas, che però non sembra molto preoccupato.

«Come sta?» mi chiede con un'espressione serena mentre approfitta della pausa per mangiare una barretta energetica, l'ultima (la nostra razione di cibo della giornata, tra la colazione e la cena, consiste in una barretta energetica e due carbogel).

«Sta bene» rispondo ansimando per lo sprint fatto fin lì. «Gli fa un po' male una gamba, ma non è niente di grave» dico ancora agitato. «Ma ha la tuta di piumino distrutta; vado a vedere se gli posso tappare i buchi, almeno per questi giorni...»

Vado incontro ad Alexandr, che sta salendo pian piano, e mi metto dietro di lui per tappare con il nastro adesivo due grandi buchi sulla schiena. Sono soddisfatto del mio lavoro; è difficile attaccare il nastro sul tessuto sintetico e freddo, ma il rammendo è venuto abbastanza bene. Di sicuro resisterà altri tre o quattro giorni prima di cedere di nuovo.

Passato lo spavento – il mio, visto che Thomas e Alexandr hanno invece vissuto la scena con la più grande naturalezza –, mi decido a fare ciò che era al centro dei miei pensieri prima di questa parentesi: riposare. I miei compagni vanno avanti alla ricerca di una via nell'immenso mare ghiacciato, un mare su una costa del nord in un giorno di tempesta, con grandi onde che si scontrano disorientate tra pezzi di iceberg e rocce che spuntano dai fondali. Vedo che si allontanano pian piano mentre cerco una posizione comoda tra le rocce e lo zaino, mi cospargo il viso di crema solare e, dopo pochi minuti, sono già molto lontano.

Sono in un luogo luminoso, sento il confortevole calore del sole sul corpo, ma sulle montagne intorno a me non c'è più la neve; sono circondato da prati verdi e affilate cime di roccia bianca. Ti ricordi quei giorni sulle Alpi Giulie? Come mi piaceva poltrire di mattina nella tenda! Restavo un'ora sveglio a occhi chiusi, sentendo sul viso il calore del sole attraverso la sottile tela di poliestere e, intorno a me, il tuo odore, che impregnava il sacco a pelo, mentre tu, da fuori, cominciavi a chiamarmi perché uscissi a vedere il risveglio delle montagne, a fare velocemente colazione per poter percorrere a piedi quello che vedevano i tuoi occhi. Se sapessi che viaggi potevo fare con quel caldo e quel profumo che mi anestetizzava! E così oziavo senza avere bisogno di nient'altro, finché non entravi tu con veemenza a trascinarmi fuori o la mia irrequietezza per scoprire le montagne a piedi prendeva il sopravvento sull'immaginazione, perché ho ancora bisogno di toccare le cose per conoscerle. Ma restavo ancora un po' al caldo del sole, sdraiato, con la tua voce in sottofondo, con quel profumo che mi circondava, approfittando per qualche altro istante di quei momenti prima di alzarmi e uscire a godermi il giorno che iniziava.

Mi sveglio un'ora dopo, quando il sole mi ha già asciugato tutta la crema dal viso. Mi guardo intorno, disorientato. Neve, montagne, altitudine, sci, tuta di piumino rossa... Nepal, ghiacciaio, pisolino. Mi sento fresco: un'ora è bastata per farmi recuperare tutte le forze. Adesso il caldo è soffocante. Mi tolgo la tuta, che torna a occupare il piccolo spazio rimasto libero nello zaino; mi rimetto lo zaino in spalla e inizio a seguire le tracce lasciate dai miei compagni sulla neve ammorbidita dal sole. Accelero il passo; nonostante l'altezza e il peso, mi sento forte e posso provare di nuovo le sensazioni di velocità, di spinta, un assaggio dei movimenti che ripeto durante tutto l'anno nelle gare e negli allenamenti, così lontani adesso. Poco dopo, raggiungo prima Alexandr, che ormai sembra aver dimenticato completamente lo spavento, e più avanti, a fare strada, Thomas. Vedendomi arrivare e dopo quattro chiacchiere, si siede per riposarsi un po'. Gli dò il cambio e inizio ad aprire la traccia cercando il passaggio più breve, attraversando il ghiacciaio verso il margine sinistro per dirigerci verso quello che scende dal valico di Haggens.

Dietro, le distanze tra noi aumentano mentre ciascuno prende il suo ritmo, separati dall'aria dei nostri respiri sfalsati che riempie il silenzio e uniti da ciò che ognuno di noi porta nello zaino, dalla piccola parte di "materiale comune" che ci siamo divisi e che ci rende necessari gli uni agli altri, e soprattutto dallo sguardo di tutti e tre, fisso nella stessa direzione, il nord, sempre più vicino.

Navigo tra le morene appesantito dal caldo, che con il sole a picco è opprimente; cerco di rinfrescarmi mangiando un po' di neve o strofinandomici i capelli. Mi spoglierei ancora di più, però devo tenere il corpo leggermente coperto per evitare le ustioni, e poi dovrei trovare lo spazio per mettere i vestiti! Lo zaino sta per scoppiare! Le ore si riempiono nell'intento di cercare la via migliore, quella più corta, quella più veloce, di arrivare il più lontano possibile di notte e di riposare pensando all'indomani. Sono le quattro di pomeriggio e il sole è ancora alto, quando riesco a raggiungere il margine sinistro del ghiacciaio e inizio ad arrampicarmi verso il valico percorrendo le grandi pareti di roccia che cingono la valle e coronano, duemila metri più in alto, le cime del Triangolo; continuo a salire per un po' assorto in pensieri vuoti finché non arrivo su un piccolo spiazzo. Guardo indietro per la prima volta da quando ho lasciato Thomas seduto più di tre ore fa. Non vedo i miei compagni, anche se qui la vista comincia a essere libera e ho una buona visuale del ghiacciaio e del circo di montagne che chiude questo cul-de-sac. Appoggio lo zaino e mi sdraio su delle rocce per riposarmi e individuare un passaggio, in questa mezzaluna di montagne, che ci porti in Tibet e alla nostra ambita cima. Vedo una parete di roccia e neve che spunta al di sopra delle vette che chiudono il circo a nord-est. Deve essere una montagna molto alta... È possibile che sia il nostro Gosainthan? In mezzo alla roccia si delineano due corridoi di neve che si inerpicano fino alla cresta. Sì, è la nostra montagna! La stessa che ho visto giorni fa da quella cresta prima di scendere a Kyanjin. La gioia di vedere finalmente la destinazione svanisce velocemente quando mi rendo conto che è ancora molto lontana. Calcolo che abbiamo già fatto una cinquantina di chilometri da quando all'alba abbiamo lasciato il calore della stufa, ma la cima che ci aspetta è ancora distante, dietro a una catena di montagne che sembra impossibile da attraversare con la poca attrezzatura di cui disponiamo. L'unico riferimento che ho della posizione e della distanza dalla vetta è la cartina che avevamo comprato nella libreria di Katmandu, una cartina da trekking del Langtang National Park, che descriveva molto dettagliatamente il rilievo delle montagne e tutto il ghiacciaio che abbiamo percorso durante la notte, ma che s'interrompeva all'altezza del Triangolo. «Chi vorrà andare più in là?» devono aver pensato gli editori della mappa. «Non osano andarci nemmeno gli yak! Chi vorrà andare nel regno del caos e del silenzio?» L'unico riferimento che ho sulla posizione del nostro obiettivo sono le fotografie aeree che ci siamo studiati e le ore trascorse davanti a Google Earth le settimane precedenti al viaggio. Eravamo giunti a una conclusione molto semplice: è in fondo a destra. Come i bagni di un qualsiasi bar di Barcellona. In fondo a destra. Dalle fotografie la strada non sembrava difficile, una valle che finisce e il primo valico a destra. Da lontano sembra tutto piccolo, facile, ma via via che ci avviciniamo, scopriamo che ogni centimetro della cartina racchiude in sé un mondo. Questo "fondo" e questa "destra" sono immensi, stracolmi di possibilità. Mentre rifletto su come continuare il percorso, tra ghiacciai sospesi, ghiacciai che si fondono con mura di roccia e creste di un granito rossastro, mentre individuo l'unica soluzione possibile in un ghiacciaio che va verso est, superando di parecchio il Gosainthan, e dal quale spero di trovare una via facile sul versante tibetano per tornare fino ai piedi della parete che vogliamo scalare, arriva Thomas, che mi si siede accanto e si unisce alle mie riflessioni.

«No, non me lo dire! Quello non può essere il Gosainthan!»

«Sì, sì, è proprio lui, sembrano i tre *couloir* di neve.»

«Ma questo significa che è molto lontano. Non può essere così a est, dalle foto aeree sembra che sia proprio dietro al Triangolo, a est rispetto a noi, andando un po' verso sud-est...» Thomas risponde alle mie preoccupazioni, aumentando ancora di più il caos della mappa che ho disegnato nella mia mente. Dopo un po' avvistiamo Alexandr, che ci mette però del tempo a raggiungerci. Arriva ansimante per la stanchezza e resta qualche minuto piegato sulle racchette per riprendere fiato. La giornata è stata molto lunga.

«Che facciamo, montiamo la tenda qui?» dice, mentre si rimette dritto.

Sono già le cinque di pomeriggio e tra poco, credo tra mezz'ora, il sole si nasconderà dietro alle cime di fronte a noi e le temperature scenderanno in picchiata. Cerchiamo un posto pianeggiante, protetto dal vento da un piccolo masso di pietra, e schiacciamo la neve per creare uno spiazzo uniforme. Mentre Alexandr comincia a sciogliere un po' di neve con il jetboil, vado a prendere del ghiaccio. Il ghiaccio contiene più acqua della neve e ne serve quindi di meno per ottenere lo stesso quantitativo. Lo scaldiamo con il fornellino, il tuo, quello che mi hai prestato quando ti ho salutato e ti ho detto che te lo avrei restituito. Me lo hai dato senza lacrime agli occhi, ma erano nelle tue parole. Credo che fosse lo stesso giorno in cui mi hai chiesto se era pericoloso innamorarsi di me. Lo ricordo perfettamente. Ti sei svegliata presto, lasciandomi a letto, e sei uscita a fare un giro. Mi sono svegliato mentre facevi la doccia e ho preparato la colazione. Una colazione leggera. La sera precedente avevamo parlato dei nostri sogni, delle vette e degli obiettivi che volevamo raggiungere, ma allora non me lo ricordavo. Sei uscita dalla doccia e, avvolta nell'asciugamano, mi hai abbracciato e mi hai chiesto: «È pericoloso innamorarsi di te?».

Io pensavo di essere profondamente innamorato; non avevo mai provato quel rispetto, quell'ammirazione e quella paura nel vedere una persona. E non avevo mai sentito un desiderio così grande per nessuno. Pensavo di amarti e ti ho risposto con una frase del tipo «Innamorarsi è sempre pericoloso; però lo è molto di più non farlo, non rischiare». Mi sono innamorato di te perché ero innamorato della montagna e lo eri anche tu. Di amori ce ne sono molti e, trattandosi di amori, non si possono classificare o sostituire. Innamorarsi di me voleva dire anche innamorarsi della montagna, e amare la montagna è spesso pericoloso. In montagna, il nostro ego ci uccide e, se non ho fortuna o non riesco a separare il mio ego dal risultato che voglio ottenere... Avrei dovuto risponderti di sì, che innamorarsi di me è pericoloso. Proteggiamo istintivamente la nostra vita con un riflesso in caso di pericolo, ma... quando sarò capace di fare dietrofront, non per salvare la mia pelle, ma quella di altre persone? Quando andavo a scalare con Stéphane e decideva di tornare indietro nonostante le mie proteste, non lo faceva per sé! Se lo avessi capito... Thomas è sposato e ha tre bambini... Quante volte deve aver fatto marcia indietro, non per sé, ma per loro? Lo vedo capace di rinunciare al suo orgoglio per tornare a casa. La frontiera del fallimento è molto relativa, dipende da dove la si pone. E Alexandr? Avrà famiglia? Avrà qualcuno per cui fare dietrofront?

Io e Thomas montiamo la tenda e mettiamo dentro i sacchi a pelo; i materassini c'entrano a malapena e si sovrappongono! E manchiamo ancora noi! Con la prima tazza di neve sciolta prepariamo un tè che ci spartiamo per idratarci. La seconda tazza impiega molto di più a sciogliersi; dopo il tramonto, serve mezz'ora per fare un secondo tè, poi un'altra per riempire le borracce per domani. Io e Thomas ci infiliamo nei sacchi a pelo per combattere il freddo mentre prepariamo la cena: oggi ci toccano *noodle* cinesi al gusto di *masala curry* e *chicken pizza*. Una mezz'ora dopo, l'acqua è abbastanza calda per versarci i *noodle* e sciogliere il grasso che dà loro sapore; il *chicken pizza* e il *masala curry* hanno esattamente lo stesso gusto, un miscuglio di spezie orientali con il curry. Vanno giù che è una bellezza! Il fatto di poter mangiare qualcosa di caldo con il freddo che fa è un lusso da far resuscitare i morti! Ci passiamo l'unica scodella che abbiamo. Comincia Alexandr, mangia tre cucchiaiate e me la porge; prendo la ciotola scaldandomi le mani e sentendo l'energia delle prime tre cucchiaiate, poi la do a Thomas. Ce la passiamo, mangiando tre cucchiaiate a testa, finché non si vede il fondo di alluminio.

«Ah! Quando arriveremo giù, mi abbuffo di cioccolata!» grida Thomas.

Dopo aver placato la fame, ma non l'appetito, prendo dallo zaino le cose che devo mantenere asciutte (calzini, guanti, cappello, pila della lampada frontale) e le metto nel sacco a pelo. Lascio fuori lo zaino, vicino alla tenda, protetto da una roccia, e mi infilo nel sacco a pelo. Dentro ci metto anche gli scarponcini umidi. Li sistemo sotto i piedi per asciugarli con il calore del corpo e al tempo stesso per tenere i piedi lontani dal freddo del suolo. A quel punto cominciamo una complicata partita a Tetris per stare tutti e tre nella tenda. Entriamo uno alla volta, come in una scatoletta di sardine. Thomas si sdraia nella parte destra, con la testa verso l'entrata; io sono in mezzo, con la testa verso il fondo, e alla fine entra Alexandr, all'estrema sinistra, rivolto verso l'entrata. Dopo esserci sdraiati in modo alternato, cerco di prendere sonno. Sono stanco, però non c'è verso di allontanare i pensieri e spegnere il cervello per poter dormire. Eppure era facile farlo poche ore fa, in solitaria sul ghiacciaio. Come mi piacerebbe avere avuto questo mormorio in testa per passare le ore più velocemente laggiù e poter godere adesso del senso di vuoto! Desideriamo sempre ciò che avevamo fino a poco fa e poi è già passato! Il silenzio iniziale scompare con il rumore continuo dei sacchi a pelo che sfregano, quello del vento sulla tenda e dell'aria lungo le nostre gole secche.

Come vorrei essere con te adesso, condividere questo sacco a pelo per sconfiggere il freddo, e avere più spazio. E poi, sicuramente così si ridurrebbe il peso, perché un sacco a pelo in comune vuol dire mezzo chilo in meno da portare e staremmo più comodi se fossimo solo in due. La confidenza riduce gli spazi, ma l'amore li elimina. Ah, come mi piacerebbe dormire abbracciato a te! Comunque, non fa molto freddo in tenda; mi aspettavo una notte più rigida. Fuori la temperatura è molto bassa; mentre cenavamo, avevo i piedi congelati, ma adesso, nella tenda chiusa e con noi tre in questo spazio ridotto, non fa per niente freddo. La tuta di piumino basta a scaldare il corpo. Restano fuori solamente le mani e i piedi; le mani si possono mettere sotto la tuta, e forse potremmo usare un sacco a pelo per tutti e tre per avvolgerci i piedi... Domani glielo proporrò: un po' meno peso, un solo sacco a pelo per tutti e tre. Che ora sarà? Da quanto tempo dovrei dormire? Merda! Forza, forza, che bisogna riposare; domani sarà una lunga giornata, dobbiamo arrivare ai piedi della parete. Thomas è in forma; mi ha sorpreso perché ha sopportato bene la notte e il giorno, uno dietro l'altra. Alexandr, oggi, pativa; l'altitudine si comincia a sentire ed è una tirata molto lunga alla sua età... Ah, e la caduta! Anche se non dice niente, di sicuro l'accusa; è stata una bella botta, e lui, come se niente fosse! Avrebbe potuto farsi molto male e invece era bello tranquillo. Sono persone di un'altra pasta, questi russi. Chi era che diceva...? Ora non me lo ricordo, deve essere stato uno di questi classici, Kukuczka, Kurtyka, Wielicki, Odintsov, Bolotov, o uno di quei tempi, a dire che scalare una parete difficile di un ottomila non era pericoloso, che in confronto alla guerra che c'era nel suo Paese era come una vacanza. Mi sembra che avesse detto che quassù almeno le bombe le puoi cercare, che non stai chiuso in casa a sperare che non sia il giorno in cui cadranno sul tuo tetto. Su, dài, che bisogna dormire, sarà tardi; via, mi metto a pancia in giù. Com'è difficile muoversi in così poco spazio! Ora sì, ora mi addormento, la mente è vuota!

Durante la notte mi sveglio e mi riaddormento più volte, finché, verso le sei, Alexandr non rompe il silenzio e apre le lampo dell'entrata per iniziare a bollire l'acqua. Da dentro la tenda, mette delle cucchiaiate di neve nel jetboil finché non diventa liquida e sufficientemente calda per sciogliere le due bustine di Nescafé che accompagniamo con mezza dozzina di biscotti a testa, già spezzettati dopo essere finiti schiacciati nel mio zaino. Impazienti di respirare aria fresca, usciamo dalla tenda, ripetendo al contrario la partita di Tetris della sera. Uno alla volta, ci mettiamo i calzini e gli scarponcini asciutti, il cappello, i guanti e chiudiamo la tuta di piumino. Prendo le pile e la borraccia piena in fondo al sacco a pelo e, morto di sete, faccio per bere un sorso quando mi rendo conto che l'acqua è congelata; è un blocco di ghiaccio. Com'è possibile se io non ho avuto per niente freddo! Queste tute di piumino sono fantastiche! Per congelare l'acqua in un thermos, il freddo fuori doveva essere potente, ma io non l'ho sentito affatto! Stanotte dovrò tenere la borraccia contro il corpo nella tuta. Esco dal sacco a pelo e mi metto gli scarponi da sci, che hanno passato la notte fuori e sono belli gelati; fuori dalla tenda recupero il mio zaino da sotto uno strato di neve. Ci vogliono pochi minuti per smontare il piccolo accampamento e poco dopo le sette siamo di nuovo in cammino. Abbiamo deciso di salire un altro po' su questo ghiacciaio per vedere in prospettiva dove si trova realmente il valico di Haggens.

«Quello là deve essere il Gosainthan! Guardate i tre *couloir*, quello a destra, il Girona; più in là, in diagonale, il Britannico, e a sinistra quello più largo dev'essere il Loretan...» dico convinto, indicando la vetta che avevo visto molto a nord ieri pomeriggio.

«Sembra lui, sì» risponde Alexandr. «Però pensavo che l'Haggens fosse il primo ghiacciaio che scendeva sulla destra... Dev'essere da dove stiamo salendo, quello è troppo a nord, a meno che, una volta all'Haggens, si debba andare in quella direzione, ma, anche così, mi sembra lontano.»

«Io continuerei a salire da qui» dice Thomas. «Forse adesso non lo vediamo ed è proprio dietro.»

«Però sembra così alto, così riconoscibile con i tre *couloir*!» ribatto. «Che beffa sarebbe arrivare in cima al ghiacciaio per poi rendersi conto di dover scendere e rifare la salita su un altro versante.»

«No, no. L'Haggens è qui di sicuro» dice convinto Alexandr, indicando il ghiacciaio su cui stiamo salendo. «Il primo sulla destra, dopo la parete del Triangolo e compagnia bella. Una volta su, vedremo dov'è la vetta.»

Saliamo costeggiando sulla sinistra i vertiginosi muri di roccia arancione con le linee blu del ghiaccio che li tagliano verticalmente, inoltrandoci sempre più verso est, verso il cuore delle montagne. Le pareti, di una verticalità assoluta, quasi a strapiombo, finiscono col diventare grandi cascate di oltre mille metri di ghiaccio e roccia man mano che ci avviciniamo a un ampio spiazzo. Davanti a noi, una prima barriera di seracchi ci sbarra il passo verso il valico. Con il poco materiale che abbiamo, sembra impenetrabile. Mentre aspettiamo Alexandr, io e Thomas discutiamo su quale sia il modo migliore per superarla. Non è una barriera molto alta, tra una settantina e un centinaio di metri al massimo. Aggrappati alla parete di roccia, sulla destra vediamo un passaggio che sembra accessibile.

«Il valico dev'essere proprio qui sopra. Dovremmo già essere a circa 5.800 metri; dopo questa barriera, credo che dobbiamo andare verso sinistra, su quella barriera di seracchi, e sulla destra della parete di roccia dovremmo trovarlo.»

Thomas comincia ad aprire la traccia nella neve molto profonda tra i seracchi e trova un passaggio facile. Bastano una piccozza e i ramponi; si preannuncia una bella discesa con gli sci, se il ghiaccio ce lo permette. Una volta superata la difficoltà, mi metto ad aprire la traccia finché non scopro una seconda barriera di seracchi. È già mezzogiorno e, tra il sole a picco e il riflesso della sua luce sulla neve, la temperatura sale in maniera strana: freddo, caldo, freddo, caldo. Mi lego il giubbotto in vita e resto a maniche corte per prendere un po' d'aria prima di iniziare a cercare una via stretta tra i seracchi e arrivare infine sul grande altopiano, dove, a una delle sue estremità, vedo per la prima volta il valico di Haggens. Quello vero che, come diceva Alexandr, era il primo sulla destra.

Mi siedo sullo zaino in attesa di Thomas, che arriva subito dopo, e ne approfitto per mangiare la seconda razione del giorno, un carbogel che assaporo come un piatto in un Relais & Châteaux.

«Ehi, ci pensavo già ieri: questo qui davanti deve essere il Gosainthan!» dice quando mi raggiunge, indicando con una racchetta un muro di roccia e neve proprio davanti a noi, dall'altra parte della cresta che dobbiamo attraversare.

«Sì? Sembra più basso dell'altro, no?» rispondo dubbioso.

«È più logico, vista la posizione; l'altezza è sempre ingannevole in prospettiva.»

Ancora un po' scettico e temendo di dover fare marcia indietro per ricominciare la salita verso il "mio" Gosainthan, apro la traccia nella neve profonda per le ultime centinaia di metri fino al valico.

L'altitudine, ormai superiore ai seimila metri, comincia a farsi sentire; gli sci sprofondano una ventina di centimetri nella neve e ogni passo richiede ai muscoli delle mie gambe una quantità di ossigeno che non arriva. Per mantenere la concentrazione, conto i passi: uno, due, tre, quattro... cento. Mi fermo qualche secondo per riprendere fiato e ricomincio. Il crinale si avvicina pian piano finché davanti a noi, vicinissima, imponente, appare per la seconda volta la parete di roccia tagliata dai tre corridoi. Thomas aveva ragione; ora sì che si vede l'altezza reale di questi duemila metri di roccia nera e arancione. La parte bassa della parete si scopre per la prima volta: è molto blu. Il vento dell'inverno ha ripulito la montagna di neve sopra i seimila metri lasciando in vista ciò che non ha potuto portarsi via: una base di ghiaccio blu che colora la metà inferiore della parete. Merda!

«Hai visto?» dico a Thomas, quando mi si ferma accanto. C'è molto più ghiaccio di quanto non sembrasse. Osserviamo la parete in silenzio, ispezionandola centimetro per centimetro.

«Uh! La parte bassa è tutta blu» risponde dopo un lungo silenzio. «Il Britannico sembra impossibile; fino a metà c'è solo ghiaccio. Cosa ne pensi? Il Girona?»

«Non lo so! Sul Girona sembra ci sia più neve nella parte alta e, di sotto, pare esserci un passaggio, stretto, bianco tra il ghiaccio. Forse possiamo salire, ma scendere con gli sci non credo proprio...»

«Sì, sembra il meno peggio...» conferma Thomas continuando a scrutare la parete, alla ricerca di un particolare che possa essergli sfuggito. «O forse... sembra che ci sia una linea di neve, là sulla sinistra... tra le rocce c'è una linea continua di neve. Può essere un'altra possibilità.»

«Adesso la vedo, sembra in pendenza nella prima parte, con un po' di ghiaccio, poi però diventa una linea di neve continua.»

«Sì, poi arriviamo sul crinale, a circa settemila metri, dopodiché credo che seguendo il filo della cresta possa essere quasi tutta roccia fino alla cima.»

«Forza, proviamo da lì!»

Finora, la spettacolarità degli ottomila metri del Gosainthan davanti a me mi ha impedito di vedere quello che mi circonda più da vicino. Siamo su una cresta fine, larga pochi centimetri, che precipita con una forte pendenza per circa duecento metri fino al ghiacciaio e alle morene che fanno da base alla parete del Gosainthan. Siamo così vicini al traguardo...

Una sottile linea di neve è ciò che separa il nostro ritorno in Nepal dalle valli cinesi del Tibet. Tra le migliaia di linee di creste una è stata scelta da alcuni uomini per indicare una frontiera. In questi giorni, di frontiere ne ho viste molte, ma nessuna assurda come questa. Non la vedo davvero, vedo solamente una sottile cresta di neve e un pendio bianco verso nord.

«Guarda quanta neve polverosa...» dico osservando il pendio sotto di me mentre mi aggancio gli scarponi e preparo gli sci per fare la discesa. «Vado per primo?»

«Vai! Come ti piace frantumare le pale di neve! Vai fino in fondo, egoista!»

Non è da egoisti scalare le montagne? Non è da egoisti cercare ciò che un giorno sogniamo anche se è inutile? Non è da egoisti che tutto un popolo passi questa frontiera per fuggire dall'oppressione e per cercare la vita, e che noi andiamo in direzione opposta per soddisfare i nostri capricci e forse per trovare la morte? O sarebbe da egoisti non lottare per noi stessi, per quello che un giorno avevamo immaginato?

«Grazie! E preparati per salire velocemente se troviamo qualche militare cinese!»

«Uh, meno male che non c'è nessuno» dico ridendo, mentre faccio dei saltelli sulla neve per controllarne la consistenza.

«D'inverno quassù non ci sono nemmeno le mosche! Questo valico è troppo alto ed estremo perché ci siano fughe di tibetani verso il Nepal; qui ci vengono solo in primavera per controllare che non ci sia nessuna spedizione senza permesso. Ora che la frontiera tibetana è chiusa, non se lo immaginano nemmeno che ci sia qualcuno.»

Alexandr è appena apparso sulla seconda barriera di seracchi, circa trecento metri più a valle. Decidiamo di continuare, di cercare un posto per la tenda alla base della parete e di aspettarlo là. Tolgo le pelli di foca; finalmente un po' di discesa, dopo tre giorni di salita continua! Il pendio è molto ripido e la neve molto dura; comincio a derapare con una piccozza in mano finché non incontro una neve più profonda, e a quel punto blocco la piccozza tra la schiena e lo zaino e faccio una prima curva. Il peso dello zaino mi tira all'indietro e per poco non mi sbilancia fino a farmi cadere, ma ritrovo subito l'equilibrio e posso godermi le virate sulla neve a questa grande altezza. Il pendio è ripido, ma sciare sulla neve polverosa a quasi settemila metri di altitudine non ha prezzo. Il crepaccio terminale si fa più vicino e mi lancio senza esitazione sulla linea più ripida. A gran velocità, salto al di sopra della profonda fessura e assumo la posizione a uovo per sfruttare l'inerzia e attraversare lo spiazzo del ghiacciaio fino alle morene dall'altra parte. La velocità diminuisce pian piano e devo iniziare a remare con le braccia per portare a termine la traversata. Una fitta nebbia comincia a salire dalla valle tibetana e copre tutta la superficie del ghiacciaio, tanto che la visibilità si riduce ad alcune decine di metri. Thomas, dietro di me, è scomparso, avvolto nel grigiore. Poco dopo raggiungo la depressione che separa il ghiacciaio dalla morena di roccia formando una trincea, e cerco una zona sufficientemente pianeggiante per poter montare la tenda. Con la nebbia è scomparso il sole e anche il calore del giorno. Comincia a fare un freddo terribile e cadono i primi fiocchi di neve. Mi sbrigo a creare una piattaforma per il nostro bivacco.

«Cazzo, la tenda ce l'ha Alexandr!»

Mi siedo sullo zaino e mi copro la testa con il cappuccio del giubbotto. Poco dopo arriva Thomas a farmi compagnia. La neve cade sempre più fitta. In poco più di un'ora ne è già venuta giù una ventina di centimetri. Ogni tanto mi alzo per ripulire lo spazio destinato alla tenda, sepolto sotto la neve fresca.

«Immagino che Alexandr passerà il valico, vero?» dico cominciando ad avere qualche dubbio.

«Spero di sì» risponde Thomas, scuotendosi il giubbotto per togliersi di dosso la neve. «Cazzo, che freddo!»

I pensieri volano. E se Alexandr non passa il valico? Qui, sotto la nevicata, non potremmo resistere a lungo. Vediamo, sono arrivato intorno alle quattro e mezza; alle cinque è arrivato Thomas. Ora sono le sei. Quando eravamo sul valico ho visto Alexandr alla barriera di seracchi, dunque vuol dire che gli mancavano al massimo due ore per raggiungere il valico e poi mezz'ora per scendere. Tra un'altra mezz'ora dovrebbe apparire. Potremmo sciogliere della neve. Merda! Alexandr ha anche il jetboil. A me spettano il cibo per la colazione e il gas, ma senza il fornellino il gas non serve a niente. Se avessi le energie mi rimetterei gli sci e andrei a cercare Alexandr, potrei aiutarlo a portare lo zaino e al tempo stesso mi riscalderei, ma devo risparmiare le forze per domani. Se avessi le energie... Se alle sette non compare, vado a cercarlo, concludo.

«Sai a cosa pensavo ieri?» dico per interrompere il rumore della neve che cade sui nostri cappucci. «Se prendessimo un solo sacco a pelo per tutti e tre, potremmo togliere mezzo chilo dallo zaino.» Thomas non gira la testa e fissa lo sguardo sui suoi piedi. «Le tute di piumino bastano per le notti in una tenda così piccola. L'unico punto critico sono i piedi, potremmo metterci un unico sacco a pelo intorno ai piedi.»

Dopo un breve silenzio che sembra eterno con il suono della neve sulla testa, Thomas mi risponde: «O potremmo fare dei sacchi a pelo molto corti, solo per i piedi... Però potremmo ridurre il peso e stare più comodi con i materassini. Hai visto come si sovrappongono? Potremmo farne uno largo come la tenda; uno ci basterebbe».

Continuiamo a discutere ancora un po' su come alleggerire gli zaini, finché il freddo non ci ammutolisce e ci fa rannicchiare sulle ginocchia.

Verso le sette, Alexandr ci trova chini con la testa tra le cosce e le braccia intorno. In silenzio, comincia a montare velocemente la tenda mentre Thomas si mette a sciogliere la neve. È buio pesto e la neve ci mette un'eternità a liquefarsi. Cuciniamo dentro la tenda per proteggerci dal freddo e dalla neve che continua a cadere. Stasera ci dovrà bastare una tazza di tè e due porzioni di *noodle*, una vegetale e un'altra di *chicken pizza*, entrambe esattamente dello stesso sapore. Tre cucchiaiate a testa.

«A che ora ci mettiamo in marcia domani?» chiedo.

«Dobbiamo partire scaglionati» risponde Thomas. «Io e Alexandr dovremo partire presto, tu puoi farlo più tardi.»

«Uff, no, preferisco andare piano, perché qui l'altezza si comincia a sentire» dico prima che Alexandr mi passi la scodella per le altre tre cucchiaiate che mi spettano.

«Vediamo, al massimo a che ora dovremo iniziare a scendere...?» riflette Thomas ad alta voce.

«Al massimo verso le due di pomeriggio. Se vogliamo esagerare, ma proprio tanto, alle tre» replica Alexandr con le labbra secche, su cui si cominciano a vedere bolle e tagli. Le mie devono essere nelle stesse condizioni... «Questo significa partire alle... due, una, dodici, undici... alle tre di notte per fare con calma.» C'è un lungo silenzio di riflessione. «E alle due, dietrofront, eh?» continua con un tono di voce più vivace, mentre mi guarda. «Che poi lassù finisce che cambiamo idea, magari ci sentiamo bene e ci viene voglia di continuare per un'altra mezz'ora, e poi di vedere la cima accanto, tanto saranno quindici minuti... Certo, lassù quindici minuti diventano un'ora, e un'ora due ore, perché una cosa è salire e un'altra è scendere. Lassù è l'orologio che comanda» sentenzia. «Be', e poi bisogna ascoltare il corpo; tutto, assolutamente tutto quello che sentiremo di strano sarà a causa dell'altitudine. Bisogna tornare immediatamente; ci verrà un po' di mal di testa e penseremo che sia l'insolazione o la disidratazione; ci verrà mal di pancia e penseremo che è stata la salsa dei *noodle* o lo stomaco vuoto... E invece no, lassù tutti i dolori sono provocati dall'altezza, e quelli che non lo sono, lo saranno. Se uno non si ascolta, lassù ci rimane.»

Apprezzo le sue parole, in fondo mi tranquillizzano; avevo bisogno di istruzioni. Nelle gare in cui eccello sono stato capace di crearmi delle routine, delle regole che mi fanno agire velocemente, senza pensare, davanti a qualsiasi imprevisto. È tutto sotto controllo per ora, ma quassù, nell'ignoto dell'altezza, l'assenza di esperienza crea un vuoto di istruzioni. Alcune si devono seguire, però... è necessario seguirle tutte? Se avessimo seguito quelle del "manuale per salire su un ottomila", avremmo allestito accampamenti, saremmo venuti con dei portatori, delle corde... Se lo avessimo chiesto a qualche esperto, ci avrebbe detto che è impossibile partire da Katmandu con così poco equipaggiamento. Però non abbiamo chiesto niente e ora eccoci qui.

Con questi pensieri, finisco le ultime tre cucchiaiate. Sono quasi le dieci e dovremmo addormentarci presto per poter riposare qualche ora. Giochiamo a Tetris con i nostri sacchi a pelo e parliamo per ridurre la tensione di domani. È quando l'obiettivo è così vicino che fa più paura, perché le opportunità diminuiscono. E le parole soffocano i pensieri.

«Ma perché cazzo abbiamo deciso di fare alpinismo? Di stare qui a morire di freddo, con il mal di schiena per il peso degli zaini, in più con i vostri piedi sotto il naso, che è un mese che non vi lavate!»

«E che notti, eh? Ora non staremmo meglio a casa, davanti al computer? O a scalare sotto il sole di una spiaggia a Bali?»

«E se scendiamo e andiamo a Bali sulla spiaggia? Siamo ancora in tempo?»

Una raffica di vento schiaccia il soffitto della tenda sulle nostre facce.

«E non staremmo meglio in una tenda da pranzo, in questo stesso posto, tra un paio di mesi? L'anno scorso ero sul Manaslu e c'era una spedizione spagnola che aveva portato pane, olio d'oliva, carne, una decina di prosciutti e insaccati. Ogni giorno mangiavano come a casa! E quando sono scesi dalla vetta hanno persino dovuto buttare del cibo! Mi pare che durante la spedizione siano persino ingrassati!»

«Zitto, non parlare di prosciutto, adesso. Quando torniamo giù, mi sparo tre o quattro pizze di fila!»

«Per la pizza dobbiamo arrivare a Katmandu, a Kyanjin ci aspetta il *dal bhat*!»

«Mi avete proprio fregato! E pensare a come stavo bene, io, con le mie corse... Soffri per delle ore, però dormi al caldo e mangi sempre bene!»

«E io che vado a scalare al Verdon dopo il lavoro, quella sì che è vita!»

«Mi sa che noi alpinisti siamo gli esseri con meno neuroni sulla Terra. Veniamo qui a patire il freddo, la fame, la paura, a rischiare la vita e a rimetterci i soldi! In montagna ce ne abbiamo lasciati parecchi di neuroni, se no come si spiega che ogni volta ci torniamo?»

Prima di chiudere l'entrata della tenda, Alexandr guarda per l'ultima volta il cielo: il vento che spinge le nubi e le stelle che pian piano si accendono ci offrono uno spettacolo di luci e di forme impalpabili.

«Se un giorno dovessi smettere di fare l'alpinista, la cosa che mi mancherà di più saranno queste notti.»

10
La vita

La felicità è una cosa che cerchi, e quando la trovi, non te ne rendi conto. È retroattiva, te ne rendi conto solo dopo. La felicità è dappertutto, bisogna solo saperla intercettare, sapere che ce l'hai.
Stéphane Brosse

Mi sembra di non aver dormito più di mezz'ora quando usciamo dalla tenda. La notte è stata dura; con tutto il vento che ha soffiato, sembrava di essere su una nave in mezzo alla tempesta. Era perfino difficile respirare; con il nostro fiato, la condensa sulle pareti interne della tenda ha formato uno strato di ghiaccio che ci ha isolati dall'esterno. L'aria può solo entrare e uscire dal pavimento e dai buchi della zip: è come essere in una camera di ipossia a seimila metri! Al minimo movimento dei nostri corpi, la neve si staccava dal soffitto, ci cadeva in faccia e ci bagnava i sacchi a pelo. Fra le lunghe veglie per colpa del vento, dello sfregare di piedi dei miei compagni che cercavano di riscaldarsi dentro ai sacchi a pelo, vicino al mio viso, dei colpi di tosse o dei cric-cric del ghiacciaio, in tutta la notte sono riuscito a fare solo tre o quattro sonni brevi. Sono le tre di mattina quando sento aprirsi la zip e Alexandr comincia a far sciogliere un po' di neve per prepararci un caffè.

Gli scarponi e gli zaini sono sepolti sotto una spessa coltre di neve. Li dissotterro e tiro fuori dallo zaino quello che porterò nella mia ascensione verso la cima. Senza il cibo, il gas, il sacco a pelo e il materassino, lo zaino diventa leggero e facile da portare. Ci lascio solo i ramponi, le piccozze, mezzo litro d'acqua, quattro carbogel e un paio di occhiali da sole.

Cerchiamo la via fra i grandi massi di roccia e i penitenti di ghiaccio del vasto pianoro. Non è semplice trovare il percorso più veloce con la lampada frontale. Sulla nostra destra, la parete del Gosainthan dorme tranquilla. Dopo aver attraversato un paio di zone rocciose e un labirinto di massi, mi dirigo fino ai piedi della parete e la costeggio scendendo verso est. Con il buio non si riesce a distinguere il rilievo della parte che ci nasconde il cielo. Vado avanti senza sapere dove dovremo cominciare a salire. Sulla parete scura, non si distingue la neve dal ghiaccio vivo. Mi sento pieno di energia, di forza, e non avverto l'altitudine; mi sento vivo e procedo veloce come una volpe nell'oscurità. Alla fine, mi trovo davanti a un muro di seracchi che formano il grande crepaccio terminale. Mi siedo su una pietra circondata dal ghiaccio e vedo avvicinarsi il punto luminoso di una lampada frontale. L'altra lampada non la vedo.

Poco dopo, con Thomas inizio a cercare un passaggio nel grande crepaccio. Proviamo a destra e a sinistra, finché, alle prime luci dell'alba, ne troviamo uno in una fessura fra due seracchi. Nel frattempo, Alexandr ci ha raggiunto. Il sole comincia a tingere di arancio le cime dietro la nostra e la pelle si colora di tonalità rossastre mentre procediamo a grande velocità sui pendii di neve e ghiaccio. Nell'aria, nella luce e dentro le nostre vene sento correre le note punk di una chitarra elettrica, quasi inudibili nello splendore di una sonata di Bach; accordi magici con una misteriosa metrica di melodie malinconiche di violoncello che riempiono tutta la cupola di questo grande auditorium che è il cielo, sulle quali, sorprendentemente, si accordano alla perfezione le note laceranti di una Angus Young Signature SG.

La vita è meravigliosa. La vita è fatta di queste sintonie scientificamente inverosimili, che però, nel posto giusto, diventano realtà. L'uomo e la montagna. Tre persone completamente diverse e un'amicizia. La solitudine e l'appartenenza. L'eternità e l'istante. È questa la vita? È questa la felicità? Com'è semplice trovarla, di quanto poco abbiamo bisogno e com'è stata dura arrivare fin qui per raggiungerla! Siamo lontani da tutto, soli, terribilmente soli e profondamente integri, forse in fuga; la nostra ambizione qui si riduce in cenere, la nostra vanità ci denuda e il nostro orgoglio ci uccide, ed è allora, quando restiamo solo noi, pelle e sentimento, che possiamo sentirci liberi.

Procedo lungo la parete, seguendo le linee di neve bianca tra gli speroni di roccia e il ghiaccio blu che ci guarda dai lati come uno squalo sulla costa che, puntando i bagnanti, dice con gli occhi: "Appena metti un piede in acqua, sei mio". Scaliamo leggeri, sicuri delle nostre gambe e delle nostre braccia. Non è un'ascensione molto difficile, ma, senza corda e piccozza, o se mai un rampone dovesse rompersi, precipiteremmo in un batter d'occhio nel crepaccio che abbiamo attraversato qualche ora fa, centinaia di metri più a valle. Il paesaggio mi abbaglia, le cime di seimila e settemila metri che ci hanno fatto da sfondo in questi giorni cominciano ad apparire piccole sotto di noi. Guardiamo con meraviglia e con un fremito al cuore le stravaganti forme di roccia e ghiaccio che ci offre la parete davanti a noi. Il mondo è ormai sotto i nostri piedi.

Procedo con un ritmo lento ma costante, e ogni cento o duecento passi mi fermo qualche secondo per riposare. I compagni seguono i miei passi con i loro tempi. Vista la calma, posso godermi completamente l'ascensione. Facciamo circa trecento metri di dislivello all'ora. Quello che sarebbe il peggiore degli incubi per un agonista come me, quassù è una velocità da Formula 1.

La neve è perfetta per salire. Dove c'è il bianco, il piede affonda fra i dieci e i venti centimetri, lo spessore giusto per dare appoggio allo scarpone senza stancare i polpacci, e pianto le piccozze nella neve dura senza alcun problema. Ma dove c'è il blu, le piccozze rimbalzano per via del ghiaccio e mi fanno arretrare verso il centro della zona più bianca. Trovo la vena di neve morbida salendo in diagonale verso destra, e passo prima sotto una barriera di seracchi e poi in una serie di piccoli corridoi che mi portano fino a una grande parete di neve. È un mare verticale.

Al termine dell'ultimo corridoio mi fermo su una roccia ad aspettare Thomas, che arriva subito dopo di me. Fra noi e l'entrata del prossimo corridoio c'è un grande muro di tre o quattrocento metri di neve e ghiaccio, da dove spuntano solo due piccole pietre, come isolotti nell'oceano Pacifico. Siamo nel mezzo di una sterminata parete di roccia e ghiaccio, di cinquanta o sessanta gradi, senza punti per riposare. Dalla tenda sembrava grande, ma, adesso che ci siamo sopra, l'immensità della sua superficie è terrificante. Mille metri sotto, il crepaccio; mille metri sopra, la cima. E un centinaio di metri sotto i miei piedi, Alexandr sale al suo ritmo, non molto lontano da noi. Mi sorprende che sia già qui, che scali a questa velocità. Ieri, vedendolo arrivare alla tenda piano piano, affannato, non avrei mai pensato che stamattina sarebbe venuto con noi. Ed è invece qui che arrampica, seguendomi senza problemi. Quassù le persone non hanno più nome, età, titoli. L'altezza fa cadere le maschere e rivela la nostra vera identità. Non ci sono forze per essere una persona diversa da quella che c'è nelle nostre viscere e che spesso neanche conosciamo. A ottomila metri scompare tutto e restano solo muscoli ed esperienza. E il russo, di esperienza, ne ha tanta.

Torno a guardare il mare di neve e ghiaccio davanti a me. Andarci dentro fa paura. In un canale o in una zona più rocciosa hai sempre la sicurezza di poter riposare un po' le gambe su un masso se il ghiaccio comincia a intirizzirti i polpacci; adesso, invece, un'ora buona ci separa dal prossimo canale. Cerco con gli occhi la via più bianca. Da quello che vedo, andando prima su dritto e poi a sinistra, dovremmo trovare uno strato di neve continua fino a uno degli isolotti di roccia. Dopo, non lo so. Intorno è tutto blu.

Comincio a salire in linea retta; lo strato di neve è sempre più sottile e cerco i punti più ondulati, quelli con maggiori rilievi, dove la neve è più spessa e offre un migliore appoggio ai ramponi e una maggiore distanza dal ghiaccio sottostante.

Per fortuna, le piccozze entrano ancora a meraviglia. Mi giro e l'immagine che mi trovo davanti è spettacolare.

Thomas e, più in basso, Alexandr, seguono i miei passi in questo immenso oceano di ghiaccio di cinquanta gradi di pendenza, e parecchio sotto di lui, il ghiacciaio, le morene, il valico di Haggens e tutto quello che abbiamo scoperto negli ultimi giorni è diventato piccolo, una miniatura, come uno screenshot di Google Earth o un mosaico molto lontano, benché, se ci succedesse di scivolare, ci arriveremmo in pochi secondi. Ma la neve regge bene, non mi sento in pericolo, mi godo i passi, la ricerca della via bianca fra il ghiaccio, l'altezza, visto che, nonostante gli oltre settemila metri, riesco a respirare normalmente. L'acclimatazione è stata buona. La via di neve si assottiglia fino a diventare una linea di un solo metro di larghezza, che mi porta direttamente a un masso che spunta in mezzo alla parete. Al riparo sotto la roccia, guardo da una parte e dall'altra per vedere che direzione è meglio prendere. Il ghiaccio blu mi blocca ovunque il passaggio. Provo a scalare la roccia e, dopo qualche tentativo, scopro che neanche dietro al masso c'è neve. Scendo sotto la roccia, dove trovo Thomas.

«Uh, diventa complicato continuare: c'è ghiaccio da tutte le parti» dico, deluso.

Thomas alza la testa e guarda in silenzio da entrambi i lati.

«Sembrava tutto bianco da sotto... e invece è ghiaccio!»

Zitti, ci guardiamo intorno per qualche altro secondo, o forse qualche minuto, quasi sperando che con il tempo la montagna provi pietà per noi e si cambi d'abito. Invece niente.

«Là a sinistra sembra che ci sia una linea abbastanza continua, possiamo andare a controllare» propongo destando in me un briciolo di speranza.

Thomas inizia ad arrampicare verso sinistra. Sotto uno strato di due centimetri di neve farinosa, si intravede un minaccioso ghiaccio nero. «Meno male che ho affilato bene i ramponi e le piccozze prima di partire!» penso, mentre a ogni passo sento che le punte entrano nel ghiaccio solo per pochi millimetri. Respiro profondamente e seguo i passi di Thomas. Una quindicina di metri più in là troviamo una zona molto stretta con un po' più di neve. Thomas si ferma.

«Non mi convince... Senza corda di fissaggio, i polpacci si stancheranno presto a forza di picchiare nel ghiaccio. Quanto pensi che possano reggere?»

«Una o due ore al massimo? Per salire ci vuole più tempo, e poi comunque bisogna scendere...»

«Sì, è la discesa che mi preoccupa di più; farsi tutto questo ghiaccio vivo dopo una salita così è un suicidio. Perché, di sciare, qui, non se ne parla proprio...»

«Che sfiga. Si vedeva che era blu, ma speravo che ci fosse un po' di neve... Proprio adesso che eravamo così vicini... Andavamo che era una bellezza!»

«Be', la montagna parla. L'ultima parola ce l'ha sempre lei.»

«Sì...» rispondo, ancora deluso, guardandomi intorno. «Vado a vedere se posso arrampicare un po' per questa via...»

Scalo per qualche metro sulla stretta fascia di neve. Dico "di neve" per il centimetro di polvere bianca che ricopre il ghiaccio nero. A ogni colpo di piccozza, lo strato di ghiaccio nero si sgretola in mille pezzettini e mostra uno strato blu più profondo. Riesco a malapena, dopo due o tre colpi, a piantare la piccozza per qualche millimetro e a fare così un altro passo. Sono completamente circondato dal ghiaccio. Dopo alcuni minuti mi fermo, tutto sudato per lo sforzo e per la tensione di tenermi per non scivolare a ogni passo. Guardo sotto di me; non ho fatto più di venti metri! Riesco a crearmi una piattaforma per stare un po' più comodo – dieci centimetri su cui appoggiare i piedi – e conficco le piccozze nel ghiaccio il più profondamente possibile. Thomas mi ha seguito per qualche metro, ma l'espressione che ha sulla faccia è più che eloquente.

«Che facciamo?» gli chiedo.

«Che facciamo?» mi risponde.

Rimaniamo in silenzio, guardando la montagna intorno a noi. Provo a rompere il ghiaccio a destra e a sinistra per vedere se trovo uno strato più tenero, ma è duro come un diamante, altrettanto bello e impenetrabile. Ma anche se trovassi uno strato più cedevole, per quanti metri andrei avanti? Ah, se fossimo venuti in primavera! Con la neve morbida avremmo potuto salire a scendere facilmente. Se avessimo portato qualche centinaio di metri di corda per fissarli sul ghiaccio e assicurarci nella salita! Quante domande che preferisco non farmi...

Intanto, Alexandr ci raggiunge. Ha un aspetto fresco; non riconosco l'uomo sfinito degli ultimi giorni.

«Che facciamo?» chiede.

«C'è ghiaccio» rispondo quasi all'istante.

Si guarda intorno un paio di volte, poi ci osserva scuotendo la testa e senza esitazione dice: «Scendiamo, no?».

Senza aspettare la risposta, inizia a scendere seguendo le tracce recentemente scolpite in questo muro liscio. Io e Thomas ci guardiamo e, in silenzio, accettiamo che è finita.

Così vicino eppure così lontano.

«Io scendo con gli sci» sento dire, prima di rendermi conto che la frase è uscita dalla mia bocca.

«Sicuro?» dice Thomas.

Rispondo con un più timido: «Sì...».

«Come vuoi. Che paura, ragazzo!»

«Farsi mille metri di ghiaccio con gli sci... Uh, questo sì che fa paura!» esclamo ridendo, mentre lui comincia a scendere seguendo Alexandr.

Provo ad allargare un po' la piattaforma in cui mi trovo, ma riesco al massimo a ricavare lo spazio per uno sci. Pianto le due piccozze nel ghiaccio. Sono su una piattaforma larga dieci centimetri nel mezzo di una parete di ghiaccio tra i cinquanta e i sessanta gradi, con i ramponi conficcati nel ghiaccio e le mani strette alle piccozze; e la sola idea che mi è venuta in mente è di togliermi i ramponi, che sono la sola cosa che mi tiene agganciato alla parete, e di mettermi gli sci, legati dietro lo zaino. Perché diavolo ho detto che scendevo con gli sci? Perché ho preso questa decisione?

Conoscendomi e sapendo che ormai ho deciso, respiro profondamente un paio di volte per liberarmi dallo stress e comincio a fare due calcoli: che devo fare? Quando? Come?

Prima di tutto, mi sistemo nel modo più comodo possibile sulla piccola piattaforma. Mi tolgo lo zaino e lo metto davanti a me, appoggiato alla parete e tenuto da una piccozza. L'altra piccozza mi serve per tenermi, mentre con la mano libera, con cautela, mi tolgo un rampone e, trattenendo il fiato, stacco uno sci dallo zaino e lo appoggio sulla piattaforma. Poso prudentemente il piede senza rampone sull'attacco dello sci e spingo poi con forza e precisione finché non sento il clic dell'aggancio.

«Evviva!» grido, contento di essere riuscito in questa delicata operazione.

Ora l'altro sci. Ripeto la manovra finché, qualche minuto dopo, sono pronto a iniziare la discesa, con gli sci ai piedi e le mani strette intorno alle piccozze conficcate nella parete.

Sono quassù, lontano da tutto: lontano dai miei compagni che stanno scendendo e sono già a un centinaio di metri sotto di me; lontano dai miei amici; lontano da te; lontano dalla terra che conosco; lontano dalla luce dei riflettori e dai pensieri fugaci; lontano dalle corse e dalle persone che mi idolatrano; lontano da tutto ciò da cui fuggivo. Ora sono io, non il personaggio che sono spesso arrivato a odiare. Sono solo io, con tutto ciò che comporta: prendere la decisione di lasciare andare le piccozze che mi tengono alla parete.

Con un sussulto al cuore, le tiro fuori dal ghiaccio e comincio a scendere derapando piano piano e piantandole nel ghiaccio a ogni metro per fermarmi. Faccio i venti metri che avevamo risalito e lì mi accorgo che ho gli sci orientati nel senso sbagliato. Le spatole guardano a ovest, quando invece devo dirigermi a est per arrivare sotto la roccia. Qui ogni minimo dettaglio ha grandi conseguenze. M-e-r-d-a. Guardo sotto di me. Non posso continuare a derapare: due metri più giù la neve finisce e torna il ghiaccio blu. In questi due metri devo riuscire a cambiare la direzione, senza che la spinta del piccolo salto necessario per girarmi faccia perdere presa agli sci. E poi... poi devo approfittare della spinta del salto per attraversare con gli sci la zona in cui i ramponi entravano solo di un millimetro. Quanti saranno, dieci, quindici, i metri di ghiaccio blu che dovrò percorrere prima di arrivare di nuovo sulla "neve" bianca sotto la roccia, dove spero di riuscire a frenare? Saranno sufficienti due metri per girarmi? Riuscirò a controllare gli sci sopra il ghiaccio, o non appena lo toccherò precipiterò di mille metri? Riuscirò a fermarmi alla prossima zona di neve, sotto la roccia?

Queste tre domande sono la mia vita. Queste tre domande sono la mia morte. Una volta che mi sarò dato la prima spinta per saltare, niente potrà interrompere la discesa; e non saprò la risposta finché non mi sarò fermato a venti o trenta metri sotto la roccia... Sempre nel caso in cui la risposta alle tre domande sia *sì*.

Siamo condannati a morire o condannati a vivere? Fino a oggi non mi ero mai posto questa domanda, ma ora acquista tutto il suo senso. Siamo tutti condannati a morire. Nessuno può sfuggire a questo destino. Puoi essere il più ricco, il più sano, il più forte del mondo... ma non c'è scampo, finiremo tutti nello stesso modo: un mucchietto di ossa in una buca. E quello che rimarrà di noi sarà quello che avremo vissuto. Le emozioni, le persone, quello che abbiamo imparato e quello che abbiamo dato. Ed è questa la condanna della vita. Vivere, così semplice e così difficile allo stesso tempo. Quanto a esistere, tutti esistiamo, ma vivere? Siamo tutti capaci di vivere? Non è nel momento di saltare che mi sono venute simili riflessioni; in quel momento, nella mia testa, ci sono solo tre domande, con tre risposte molto semplici. La mia vita è un *sì* o un *no* elevato alla terza. Se sono tre *sì*, vivrò. Se c'è un *no*, cesserò di esistere. Semplice. Maledettamente semplice.

Faccio le mie ipotesi, calcolo la velocità che raggiungerò, il percorso che dovrò compiere. Penso al modo migliore di prendere le piccozze per frenare quando arriverò sull'altra striscia di neve. È tutto calcolato e la teoria mi dice che saranno tre *sì*. Ma è facile costruire teorie quando non è in gioco la tua vita! Facile fare ipotesi, programmare tattiche e pianificare strategie, quando il massimo che potrebbe succedere se qualcosa andasse storto sarebbe comunque una sciocchezza. Perdere soldi, fossero pure milioni, una gara, un lavoro, non superare un esame. Facile mettere in pratica teorie in cui non ne va letteralmente della tua pelle. Adesso, qui, la teoria e la pratica sono tutt'uno con me. E anche se la teoria dice di sì, la mia autostima mette in dubbio la mia persona, le mie conoscenze e le mie capacità.

I minuti passano e i dubbi pesano. E continuo a stare lì fermo, nella stessa posizione di dieci minuti fa, quando sono arrivato alla fine della zona di neve. Con gli stessi pensieri, con le stesse conclusioni sui calcoli. Come all'inizio, pronto a fare la prima giravolta e pronto a fermare tutto, a mettermi i ramponi e a scendere a piedi. Sono davanti al mio Golia, mentre mi pongo domande che non so nemmeno se sono giuste.

E solo quando capisco che non sono nessuno, e che quindi senza le catene che ci rendono importanti sono tutto, solo a quel punto, mi tuffo verso il mio destino.

In apnea, vedo gli sci girare sotto i miei piedi e scivolare a tutta velocità sul ghiaccio blu senza che io vi eserciti nessuna forza: li lascio semplicemente andare. Uno, due, tre secondi e ricomincio a respirare, inspirando a pieni polmoni come un naufrago che riemerge in superficie. Vedo il blu sotto le lamine diventare bianco e piego le gambe per fare in modo che gli sci tengano. Scendo a grande velocità e comincio a sentire sotto i piedi delle forti vibrazioni nel rompere lo strato di neve dura. Mi piego verso la neve e pianto con forza la piccozza; dopo qualche rimbalzo sul ghiaccio, la lama d'acciaio entra completamente nella neve e mi fermo.

Ho il respiro accelerato.

Ho il respiro sollevato.

Vivere senza rischiare non è vivere, almeno per me. La vita si gioca lungo le frontiere. Le battaglie si vincono alle frontiere; la scienza arriva alle frontiere della conoscenza; i poveri muoiono attraversando le frontiere e i ricchi diventano tali creandole. Tutto succede in prossimità delle frontiere.

Compio virate su questa coltre di neve bianca, ancora dura, e devo usare le piccozze per fermarmi completamente dopo ogni curva. In brevissimo tempo copro la distanza che mi separa dai miei compagni, che continuano a scendere senza posa. Mi siedo per qualche minuto sull'ultima fascia di rocce sotto l'oceano di ghiaccio e neve, per riprendermi dalla tensione e per aspettarli.

Thomas decide di mettersi gli sci. C'è uno strato di una ventina di centimetri di neve fresca nel corridoio sotto di noi.

«Vai tu?» mi chiede.

«Vai tu per primo! Io ho già goduto abbastanza!» gli dico, offrendogli la sempre eccitante prima traccia su un pendio di neve vergine.

Thomas viene accolto da una neve soffice e farinosa. Sembra ottima. La sofferenza è finita, è arrivato il momento di divertirci! Thomas si prepara a fare la prima virata, ma gli sci gli scappano all'improvviso rivelando il ghiaccio vivo che si nasconde sotto un innocente strato di neve fresca, e lui si ritrova a discendere in picchiata il canale lasciando una scia di ghiaccio azzurra.

Grido: «La piccozza!» (o forse lo penso soltanto e dalla bocca non mi esce una sillaba), mentre lui cerca invano di conficcare la lama nel ghiaccio troppo duro, durante la sua corsa velocissima giù per la parete. Il canale diventa più stretto, le rocce sui lati più vicine... Sotto di lui ci sono seicento metri di ghiaccio per arrivare al grande pianoro dove abbiamo passato la notte. Lascia la piccozza e istintivamente si tuffa sulla sinistra, verso la fila di rocce, e si aggrappa con forza a un piccolo masso di granito arancione che spunta dal ghiaccio e che interrompe bruscamente la sua caduta.

«Stai bene?» urlo con il cuore a duemila all'ora... Adesso sì che le parole mi escono.

Thomas non risponde, ma alza una mano per farmi segno che è tutto ok, poi si siede sulla piccola costola di roccia sull'altro lato del canale. Con estrema cautela, comincio a scendere cercando di gravare il meno possibile sulla neve fresca ed evitare così che si stacchi dal ghiaccio sottostante. Per non scivolare, mi tengo con le mani alla costola di roccia fino ad arrivare all'altezza di Thomas.

«Stai bene?» ripeto. Ha il respiro accelerato, ma non più del mio.

«Sì, mi sono solo preso uno spavento» risponde.

Alexandr continua a scendere e, passandogli accanto, lancia un «Tutto a posto?», come uno che saluta un collega arrivando la mattina in ufficio. Thomas annuisce due volte prima di riprendere la discesa.

È metà pomeriggio quando arriviamo alla tenda senza altri spaventi e con la gioia della discesa incredibile che abbiamo fatto. Sciogliamo un po' di neve, ci prepariamo un tè e dei *noodle* tutti con lo stesso sapore e ceniamo con il metodo delle tre cucchiaiate. Ci infiliamo nei sacchi a pelo per dormire. Poche parole. Delusione, frustrazione? La mia ambizione e la mia forza mi impediscono di vedere il successo dove non c'è il risultato, ma negli occhi dei miei compagni, dietro alla stanchezza, scorgo un'ombra di soddisfazione. Di quanto tempo avrò bisogno per provare non la frustrazione di un risultato mancato ma la gioia delle mezze tinte? Quando sarò capace di sentire di aver raggiunto un traguardo anche se mi sono fermato a metà strada?

Un idolo è la persona che ci piacerebbe essere, e ci fa star male scorgere in lui un difetto, perché nel suo corpo, al posto della sua persona e della sua anima, abbiamo messo la nostra. L'idolo deve pensare come vorremmo pensare noi, agire come vorremmo agire noi. Soffriamo se il suo modo di agire differisce da quello che avremmo scelto noi, perché in quel momento è come se ci staccassimo da noi stessi, perché in una parte del nostro immaginario eravamo quella persona e il suo cammino era il nostro. Questo fino a oggi, che ho ucciso i miei idoli e ho imparato a imparare dalle persone, dalla forza delle mezze tinte, dalla forza delle debolezze.

Ci addormentiamo, o almeno ci proviamo, senza dire una parola.

Mi sveglio di soprassalto; a dire il vero, non so neanche se sono mai riuscito ad addormentarmi. L'aria pesante della tenda isolata dall'esterno non mi fa respirare. Ho una sete tremenda. Per dissetarmi mi muovo leggermente facendo cadere dalle pareti della tenda un po' della neve formata dal nostro fiato durante la notte. È inutile, è aria. Se avessi la testa verso la porta, aprirei la zip e potrei prendere da fuori una manciata di neve e di ghiaccio, ma, da questa posizione, è impossibile muoversi senza svegliare i compagni. Posso ancora tenere duro. Ho un bisogno di bere che mi soffoca... Mi esorto a resistere un altro po': se fra dieci minuti non si sono svegliati, mi alzo e vado a prendere una tazza di neve da sciogliere. Che ironia della sorte morire di sete in mezzo a tonnellate di acqua gelata! Finalmente Alexandr si alza e apre la zip per accendere il jetboil e preparare il tè. La mezz'ora necessaria per far sciogliere la neve e riscaldare l'acqua alla temperatura giusta per un tè mi sembra interminabile. Alla fine il tè è pronto, posso placare la sete e iniziare a pensare a mente lucida.

Smontiamo la tenda e, senza fare colazione, cominciamo a risalire verso il valico di Haggens. La traversata del grande pianoro fino ai piedi del valico pare non finire mai. Sento la stanchezza di questi giorni come l'acqua di una diga arrivata alla soglia limite, che sfoga dalle paratie aperte. Ma noi non siamo ancora arrivati alla soglia limite. Dobbiamo ancora raggiungere il valico e, una volta in Nepal, scendere e percorrere la lunga valle fino a Kyanjin. Non abbiamo più da mangiare per poter restare altre notti. Ci rimangono solo tre gelatine. I trecento metri di salita per il valico di Haggens diventano eterni. La neve è morbida, affondo fino alle ginocchia e, se non mi muovo con cautela, lo strato di ghiaccio sottostante mi fa perdere l'equilibrio. Non che la caduta sia pericolosa, ma se scivolassi mi ritroverei un'altra volta alla base del valico e dovrei ricominciare a salire. E sono stanco, ho sete, e non voglio ricominciare. Ma non voglio neanche togliermi lo zaino per prendere i ramponi e salire con la sicurezza di non scivolare. Sono insofferente, sono stanco. Negli ultimi metri mi aiuto con gli sci, li pianto nella neve per tenermi. Ora che sono così in alto, non voglio essere costretto a ripartire da capo... no. E ho sete; il tè di stamattina si è già consumato nel mio sangue e il corpo mi chiede di bere: non sopporta più tanti giorni con così poca acqua.

Raggiungo il crinale, finalmente. Thomas è davanti a me. Vedo le sue orme in discesa sparire sotto la prima barriera di seracchi. Alexandr ha invece appena cominciato a salire. Mi siedo sullo stretto crinale e guardo per l'ultima volta la cima che ci lasciamo dietro, inviolata. In parte sono deluso e la stanchezza e la sete amplificano questa sensazione, ma dentro qualcosa mi consola: anche se non scaliamo la vetta fino all'ultimo metro, anche se non raggiungiamo l'obiettivo che perseguivamo, qualcuno lo farà dopo di noi seguendo la strada che abbiamo aperto. L'importante era superare questa frontiera, dimostrare a noi stessi che era possibile muoversi con un equipaggiamento così leggero. Abbiamo raggiunto il traguardo.

Respirando aria nuova e sapendo che, a partire da qui, la strada è ormai, più o meno, tutta in discesa, la stanchezza sembra scomparsa. Mi metto gli sci e mi lancio a grande velocità sulla linea di massima pendenza. Salto al di sopra delle fessure per non rallentare. Lo strato di neve farinosa che mi ha fatto patire in salita, in discesa è un cuscino liscio e comodo, perfetto per sciare. Raggiungo in un lampo Thomas e continuiamo a scendere a tutta birra percorrendo in pochi minuti la distanza che in salita ci è voluto un giorno intero per coprire. A mezzogiorno siamo già arrivati ai piedi del valico. Abbiamo fatto più di mille metri e qui giù, a cinquemila, il caldo è appiccicoso. Mi tolgo la tuta da sci che mi ha accompagnato giorno e notte nelle ultime ottanta ore e resto con una maglietta a maniche corte e una calzamaglia fine. Con il caldo la sete si fa più pesante. Mettiamo le pelli di foca per attraversare questo labirinto di morene. Per fortuna, la traccia di due giorni fa è ancora visibile. La perturbazione della notte precedente ha colpito soltanto il Tibet ed è rimasta impigliata fra le cime della catena montuosa che abbiamo scalato stamattina. Tutto tempo risparmiato, visto che non dobbiamo cercare una via fra le grandi fessure e le rocce. Metto il cervello in modalità off e vado avanti. Fra le salite e le discese per la morena, il bianco della neve riflette la luce e ci cuoce di più la pelle. Mi porto alla bocca un po' di neve, con la speranza che si sciolga e che io riesca così a mandare giù un sorso d'acqua. Ripeto l'operazione più volte, ma la sete non passa, anzi non fa altro che aumentare. Fa caldo, sono stanco e devo bere. E lo zaino pesa. Voglio togliermelo, abbandonare il peso che fatico così tanto a portarmi dietro. Accanto a me, le montagne non sfilano, restano immobili. Perdo la cognizione del tempo. Che ore saranno? È già metà pomeriggio? Quanto manca per arrivare a casa? Arriverò prima di sera? Calcolo che sarei già dovuto essere da ore al villaggio con lo yak nero. Là c'era acqua. Acqua... sento scorrere acqua. Un rumore sulla mia destra mi dice che c'è un fiume vicino. Accelero il passo. C'è un corso d'acqua, lo sento bene, ma non riesco a capire dov'è. Mi muovo in direzione del rumore, ma continuo a non vedere il fiume. Forse è sotto il ghiacciaio? No, è un rumore di superficie, ma dove diavolo è?

Passa qualche minuto, qualche ora, e continuo a sentire il fiume senza vederlo.

Mi siedo per mangiare l'ultima gelatina che mi rimane,

sudato, stanco, con il sole ancora a picco sulla testa. Arriva Thomas. Non lo vedevo da un bel po'.

«Fa caldo, eh?»

«Sì, tanto. Meno male che c'è questa brezza, perché se no eravamo fritti.» Non mi ero accorto del venticello che saliva dalla valle; con il caldo e la sete, mi sembra di aver perso gli altri sensi.

«Non senti un fiume qui vicino?»

«Un fiume? Ragazzo, il caldo ti dà alla testa! Siamo ancora lontani dall'acqua.»

«Ma no, ascolta bene. Senti questo mormorio?»

«Sì, è il vento! Fa questo rumore passando fra le pietre.»

«Ah, certo» riconosco, deluso, accorgendomi di ciò che era ovvio e non vedevo. «È un po' che lo sento. Muoio di sete, pensavo fosse acqua.»

Proseguiamo ancora qualche ora dentro questo forno di rocce e neve, finché la valle non gira e riscende. Fra poco saremo al villaggio con lo yak nero. Comincio a seguire la stretta gola per cui siamo saliti quella prima notte sotto le stelle. La discesa è ripida, con la velocità e la stanchezza si fatica a frenare e le pietre che cominciano ad affiorare sotto la neve che si è sciolta sono pericolose. Passiamo vicino alle *yuke* con lo yak nero, che è allo stesso posto di quattro giorni fa. Si iniziano a vedere i primi segni di vita, gli uccelli che volano nel cielo, qualche filo d'erba che spunta dalla neve e... acqua! Finalmente scorgo un buco in mezzo alla gola in cui scendiamo. Con la neve che si è sciolta è emersa una porzione di fiume. Mi tuffo letteralmente verso il buco. Immergo tutta la faccia nell'acqua, bevo con la bocca spalancata e mi lavo il viso e i capelli con questo liquido prezioso. L'acqua è vita. Mi sento vivo. Sento l'acqua correre per il corpo e rinfrescarlo. Che felicità bere acqua! Tutto appare molto più semplice, una volta liberi dalla sete.

Il sole comincia a calare dietro le valli da cui siamo scesi, quando finalmente vediamo le case colorate di Kyanjin. Di nuovo a casa... Come ci piace allontanarci dai segni dell'uomo, ma come ci sentiamo sicuri fra le nostre vestigia. Entriamo nel *lodge* e Kalsang ci accoglie con un sorriso sincero.

«Volete mangiare adesso? Questa sera c'è carne insieme al *dal bhat*!»

«Oh, grazie, Kalsang! Questo *dal bhat* è miracoloso!»

Dopo cena, esco a fare una passeggiata fino alla fine del paese, con le ultime luci del giorno che si spengono alle mie spalle. Guardo se vedo la sagoma di Alexandr, ma forse rimarrà a dormire per strada e arriverà domani. Sono tranquillo; quest'uomo è a casa sua; si fida più delle montagne che degli uomini. Non ha torto, ma oggi sarò felice di dormire con lo spazio di un materasso tutto per me. Torno indietro e mi rincammino verso il *lodge*. Prima di entrare nel paese, incontro un uomo biondo fermo a contemplare le montagne con le creste illuminate dall'ultimo sole.

«Buonasera» lo saluto.

«Buonasera» mi risponde, estasiato dal panorama. «Tutto questo è... non so come dire, è come la fine del mondo.»

11
Il ritorno

"Addio" è sicuramente la parola più amara che si possa sentire;
è un futuro cancellato
che rende amari i ricordi più dolci.
"Ciao" è una porta su un paesaggio sconosciuto;
non sapremo mai se dietro vi si nasconde il dolore o la felicità.
Però, se non ci prendiamo il rischio di attraversarla, non sapremo mai qual è la nostra vita.

Sono tornato ormai da mesi. La stanchezza è dimenticata; il freddo che mi aveva consumato dentro e lasciato il segno sulla pelle è scomparso. Ho ripreso i chili persi che mi facevano cadere i cosciali mentre tornavo di corsa a Katmandu; le croste e le bolle sulla pelle e sulle labbra a causa del sole e le piccole ferite infettate in alta quota ormai non si notano quasi più. Dentro di me ci sono un calore e un'energia nuova, immensa, come quando un bambino comincia a gattonare e scopre così nuovi orizzonti. Anche se ormai sono passati mesi dal mio ritorno, calcolo ancora il tempo come fanno lassù; non in ore, minuti e secondi, ma in rughe sulla pelle. E non voglio che nessuno mi tolga le rughe che mi sono guadagnato con così tanta fatica.

Sono tornato e la gente mi lascia interdetto. Sono tornato e, dopo mesi, guardo i quotidiani e tutto è uguale a prima: quelle notizie che sembravano dover cambiare il mondo l'indomani occupano ancora i titoli. Sono tornato e mi meraviglia percorrere una città e vedere gli uomini e le donne muoversi decisi, mi meraviglia vedere gli esseri umani spostarsi in massa, mi meraviglia vedere che tutto è già deciso e nessuno sembra sapere il perché.

«Pensi che la gente si chieda se è davvero felice?» mi hai domandato pochi giorni prima della mia partenza. È un interrogativo molto serio da porsi; la gente ama parlare, interagire, per poter condividere e confrontarsi. Ma non troviamo mai il coraggio per guardare dentro di noi. Quando siamo soli, abbiamo paura di scoprire di non essere felici e cerchiamo qualcuno con cui parlare e distrarci: è da troppo tempo che l'uomo ha dimenticato l'importanza del silenzio. Non credi che si sia confuso il divertimento con la felicità? A volte, quando penso alla felicità, penso alle risate, alle chiacchiere con gli amici, al respiro affannato quando facciamo l'amore, alle grida di allegria dopo una bella scarica di adrenalina in una corsa... Ma questo è solo divertimento, giusto? La felicità non è forse quando, in silenzio, seduti in un campo di erba bagnata all'alba, o stanchi nel letto dopo una lunga giornata, guardiamo indietro e ci ricordiamo quel divertimento e quei momenti di sofferenza che alla fine si sono trasformati in aneddoti, e guardiamo noi stessi e ciò che abbiamo intorno, e ci rendiamo conto che a quel silenzio non manca niente, che è l'equilibrio della serenità?

Sono tornato, ma non so dove sono. Parto e torno di continuo. Sono un nomade, lo sono sempre stato. In venticinque anni ho vissuto in dodici luoghi diversi, ma non so dov'è il posto in cui potrò riposarmi tranquillamente, in cui una mattina mi alzerò e potrò finalmente disfare questa valigia che trascino da tutta la vita... Questo posto è quello dell'infanzia, dove sono cresciuto? È dove ho trascorso gli ultimi anni? Mi sono sempre sentito parte del luogo in cui vivevo, in cui mi sono sentito accolto e a mio agio, ma anche sempre sulla linea di partenza, con la valigia pronta in mano. La casa è una dimensione interiore? È una persona, o forse un ricordo? Ad ogni modo, per me è una dimensione sconosciuta; forse un giorno la proverò e troverò quel posto che mi farà dimenticare dove devo andare domani. O forse no, forse casa mia sono tutti questi luoghi insieme, che, essendo tanti, non possono evocare un'unica emozione. Quando gli ho esposto i miei dubbi, Alexandr ha risposto con semplicità: «Io sono un uomo di città; sono moscovita. La mia famiglia ha vissuto per secoli nel quartiere di Arbat; siamo aristocratici. Discendo da generazioni di artisti ed era quella la mia casa. Lo era e non lo è più, perché non la sentivo mia. Guarda, noi che non nasciamo alpinisti, moriamo alpinisti. L'alpinismo non ci uccide, ci dà la vita. È per questo che amiamo la montagna, perché ci accoglie e ci fa sentire a casa. Con un'imparzialità totale, non considera estraneo nessuno, ma nemmeno proprietario».

Sono tornato e sono rientrato nel mondo che avevo lasciato: ho gareggiato, mi hanno fotografato, ho vinto, ho perso, ho viaggiato, ho firmato autografi e fatto interviste. Ma, soprattutto, sono tornato e sono andato a correre da solo, con gli amici, a esplorare nuove montagne, con più libertà di rifiutare, con più libertà di scegliere. Sono tornato a fare ciò che facevo, perché era ciò che mi piaceva, era ciò che mi appassionava e che continua ad appassionarmi, ma sono tornato alleggerito del peso del mio nome. Ho imparato a dire *no* e a sopportare che la gente ci rimanga male, perché è più importante essere me stesso che l'idolo che vuole piacere ed essere un modello per tutti. Ad ogni modo, non dobbiamo dimenticare che, domani, l'oggi sarà dimenticato. Com'è stato per Thomas. Domani si cancellerà l'inchiostro di ciò che abbiamo detto, perché le parole, come i mantra, se le porta via il vento e le dissolve; lo stesso vento che ci disegna le rughe sul viso. Ma il vento non potrà mai decidere ciò che significa ogni ruga. Le rughe nascondono quello che il vento non può cancellare: il freddo, gli amici, il dolore, l'amore. Ho imparato che il tempo, come l'acqua, ha tre stati: a volte scorre via rendendo più profonde le ferite; a volte le nasconde; a volte le fa sparire come la neve sui ghiacciai. Ma, alla fine, il tempo scompare sempre, nell'oblio, come se non fosse mai esistito, come il vapore che si disperde nell'aria. Il tempo è un'unità di misura inventata dall'uomo che vuole quantificare tutto, ma in realtà il tempo è lo spazio che c'è tra due emozioni.

Sono tornato rendendomi conto che gli errori non sono le stupidaggini che ho fatto in montagna (e per strada, in casa...) mettendo in pericolo me o altre persone. L'errore è non essere abbastanza umile per imparare da queste stupidaggini o per chiedere aiuto la volta successiva. La stupidaggine è durante l'azione, l'errore è permettere al mio orgoglio di prevalere e non riconoscere di essere stato stupido.

Sono tornato libero dal grande peso delle etichette che cercavo. Sono partito per scoprire chi ero. Lo strumento che ci viene dato per conoscerci è una grande enciclopedia con nomi e aggettivi che via via vengono messi nella nostra casella. Siccome non ho trovato nessuna casella durante il viaggio, ho scoperto di non essere niente: non sono un alpinista, né un corridore di montagna, né un *trail runner*, né uno sportivo, né un avventuriero, né uno scrittore, né uno sciatore. Visto che non sono niente, sono solo io. Non sono il mio nome e i miei cognomi, perché quando qualcuno li pronuncia ad alta voce per strada non sento che mi identificano. In nessuna notizia o curriculum ho trovato che i sostantivi e gli aggettivi, le liste della mia vita, mi descrivessero, ma quando tu dici "tu", questa parola così poco personale diventa uno specchio capace di riflettermi senza paure. Quando un amico me ne dice quattro, le sue parole e i suoi gesti mi descrivono meglio delle biografie più complete. Sono tornato e mi sono accorto di aver perso troppo tempo a pensare e a dimostrare ciò che sono, e mi è mancato tempo per *essere*. Mi ritenevo amante e non mi prendevo il tempo per amare, credevo che fosse più importante riuscire a essere quello che consideravo un buon amante invece di sentire, semplicemente, come ci amavamo.

Sono tornato e mi sono reso conto di non essere mai andato via. Sono partito dalla Cerdagna, ho attraversato la Catalogna, ho percorso la Spagna, sono passato in Francia, ho girato tutta l'Europa e i cinque continenti e non ricordo di aver mai visto nessuna frontiera sulla Terra. Tu sai che forma hanno le frontiere? Di che colore sono? L'odore che hanno? Non ho mai visto nessuno tener conto delle frontiere; solo gli uomini. E per le frontiere ci odiamo invece di amarci; ci illudiamo che possano proteggerci dalle invasioni, pensando che sia meglio tenersi stretto ciò che abbiamo oggi nel caso ci servisse domani, piuttosto che darlo a chi ce lo chiede. Che cos'è una frontiera se non il limite di una proprietà, un possesso che stabiliscono gli uomini tra loro? Come posso considerarmi proprietario di un terreno che da millenni è abitato da altri esseri umani, animali, piante e tempeste solo per il fatto di avere un documento, comprensibile solo per gli esseri umani – non ce lo dimentichiamo – che lo attribuisce a me? La vita è un movimento costante, possiamo dire che valichiamo frontiere, o semplicemente facciamo un passo dietro l'altro, finché non smettiamo di camminare. E dove camminavamo noi cammineranno altre persone, e le frontiere spariranno con i nostri passi. Ciò che credevamo di possedere continuerà a esistere senza che ci rendiamo conto che in un tempo lontano lo avevamo considerato nostro. In questo mondo siamo di passaggio. Non credi sia più semplice e piacevole passarci e basta, utilizzando ciò che troviamo sulla nostra strada, senza pensare a ciò che vorremmo trovarci?

Sono tornato. Avevi ragione quella volta che hai detto che, quando realizziamo un sogno, siamo tristi. Perché la parte più bella del sognare è il cammino da percorrere per avvicinarci al sogno; il sogno migliore è proprio lottare mentre continuiamo a sognare. E io continuerò a sognare, in questo gioco che alcuni bolleranno come un suicidio, come irresponsabilità o come cattivo esempio. Però questo è il mio gioco, il mio sogno. So che non lo capirai, e non cerco la tua comprensione. Questi giochi non si fanno per mettersi in mostra, per servire da esempio a qualcuno o per vincere (indipendentemente da ciò che si può vincere, dato che non esiste premio capace di compensare quello che qui si può perdere). A questo gioco si gioca perché è la Vita. La Vita con la V maiuscola. Perché è più forte di ciò che *dovrei* fare, di ciò che mi hanno insegnato essere giusto o sbagliato, di ciò che è certo o incerto. La Vita non consiste nel barrare le caselle di una lista prestabilita che ci danno alla nascita. La Vita è una cosa che si sente; la Vita è l'istinto che ti spinge a studiare belle arti nonostante i voti ti dicano che dovresti fare giurisprudenza o medicina; è l'istinto che ti sprona a lasciare lo studio legale e il buono stipendio per andare a costruire una piccola fattoria nel Pallars; a innamorarti di quella ragazza che sai che ti darà delle preoccupazioni; a uscire sparato dal lavoro per andare a vedere un tramonto... È la Vita, questo sentimento, questa irrazionalità incontrollabile, che mi spinge a salire lassù per poter essere felice, a mettere da parte la sicurezza per essere chi sono, per poter dire un giorno ai miei figli che io ho vissuto, perché ho sognato e assecondato le mie follie.

Ho il respiro accelerato. Delle nuvole solitarie e fugaci giocano a nascondino con il contorno della piramide di roccia che è l'oggetto dei miei desideri. Il cielo è di un blu intenso, terso, puro e tranquillo. Ra splende, nessun ribelle gli si oppone nonostante il suo regno abbia passato l'equatore, aspettando che Nut, che stanotte sarà piena, gli dia il cambio tra poche ore. Il calore assorbito durante il giorno dalla valle protegge il mio cuore, che adesso galoppa come quello di un colibrì in volo, facendo scomparire l'angoscia che mi ha accompagnato per tutta la mattina. Molte eredità, molti ricordi, paure e dubbi hanno gravato sul mio cuore nelle ultime ore, suscitando al tempo stesso una certa eccitazione. La piramide che ha campeggiato nel poster sopra il mio letto per tutta l'infanzia adesso sfila sotto i miei piedi. Le immagini di Bruno Brunod che sprinta come un atleta in una finale olimpica sui suoi crinali esposti – le stesse che mi hanno trasmesso la passione per correre fino in cima alle montagne – sono identiche a quelle che disegna ora il mio profilo. Le tre ore e quattordici minuti che mi hanno impressionato e motivato per continuare a correre sempre più forte, sempre più veloce, adesso sembrano poca cosa sul mio orologio. Il lontano sogno del Cervino diventa realtà. Ora che, uscito dal riparo delle muraglie di pietra, mi sfiora una leggera brezza proveniente dal nord; ora che le mie mani smettono di accompagnare il mio corpo oscillando simmetricamente alle mie gambe per correre il più velocemente possibile e cominciano a toccare la roccia calda per aiutarmi a salire attraverso la cresta della piramide, tutto scompare. La paura, l'angoscia, la stanchezza, i ricordi... al primo contatto con la cresta, tutto cade nell'oblio. Mi trasformo; pian piano il respiro accelerato e le gambe pesanti lasciano il posto a una sensazione di leggerezza che, come un sorso di acqua fresca, percorre tutte le mie vene. È la mia dimensione. È qui, in questo punto non difficile ma tecnico, tra la scalata e la corsa, tra il ghiaccio e le rocce, che l'esposizione rende il lavoro fisico solamente un aneddoto se quello psicologico non è all'altezza. È qui che comincio a sentirmi come un animale, come un camoscio, come l'animale che sono, a casa mia. Il lavoro di anni su e giù per le montagne fuori dai sentieri è culminato parlando per giorni con le rocce, conversando con i miei piedi sulle creste, ascoltando le parole dei venti e accarezzando i ghiacciai... Come un amante segreto ho accarezzato la montagna fino a sentirmi sicuro per partire alla sua conquista.

Il mio corpo si muove fluido, senza timore, senza esitazione, con la sicurezza che mi detta il mio sguardo concentrato, incapace di vedere tutte le persone che sono venute ad accompagnarmi: amici, sangue del mio sangue, occhi del mio cuore. Tutte le persone a cui voglio bene sono con me e mi aspettano in fondo alla valle, arrampicate su uno sperone della montagna che oggi si lascia possedere dalle mie mani o, più in alto, più in là delle nuvole. Ma la mia mente vede solo lei, le sue creste rocciose e le sue cornici sinuose, e il mio corpo fluttua, danza con il vento, accelera sull'abisso, salta sulle paure e vola sui sogni che diventano realtà. La cima è solamente un altro punto, un passaggio vicino al cielo, un sospiro per prendere fiato e continuare la danza in discesa. La vetta reale, quella più difficile da raggiungere, è quella in fondo alla valle. Una vetta scalata è una vetta amata; è una vetta accarezzata e un ritorno in fondo alla valle. Sento di nuovo le note graffianti della Signature SG e il mio corpo danza con energia al suo ritmo eterno, su e giù per le montagne, restando a volte in cima al valico, riuscendo a scalare cime, e a volte solo osservando le pareti dal fondo delle valli.

Notti calde e giorni di fredde nevicate a percorrere questa grande catena di montagne fino all'ultimo briciolo di fiato.

E ora che ti ho raccontato la mia storia, anche se ti ho già detto che nessuna storia ha un inizio o una fine, ora che non sono più erede, ma ho a mia volta un'eredità da lasciare, ora che so chi sono, e soprattutto chi voglio essere, ho deciso di rischiare, ho deciso di venirti a cercare. Perché siamo uomini forgiati nei sogni; perché, se non sogniamo, siamo morti.

Ringraziamenti

A Marc Pinsach, Laura Font e Núria Burgada, per i loro consigli.

A Izaskun, la mia editor, per la pazienza.

Ai maestri Jordi Canals, Jordi Tosas, Jordi Corominas, Alfons Valls e Alfons Gastón.

Indice

Finito di stampare nel mese di aprile 2014
presso Grafica Veneta S.p.A. – via Malcanton, 2 – Trebaseleghe (PD)

Printed in Italy